인강 할인 이벤트

맛있는스쿨 단과 강좌 할인 쿠폰

할인 코드 **easy_chn_lv2**

단과 강좌 할인 쿠폰

20% 할인

할인 쿠폰 사용 안내

1. 맛있는스쿨(cyberjrc.com)에 접속하여 [회원가입] 후 로그인을 합니다.
2. 메뉴中[쿠폰] → 하단[쿠폰 등록하기]에 쿠폰번호 입력 → [등록]을 클릭하면 쿠폰이 등록됩니다.
3. [단과] 수강 신청 후, [온라인 쿠폰 적용하기]를 클릭하여 등록된 쿠폰을 사용하세요.
4. 결제 후, [나의 강의실]에서 수강합니다.

쿠폰 사용 시 유의 사항

1. 본 쿠폰은 맛있는스쿨 단과 강좌 결제 시에만 사용이 가능합니다.
2. 본 쿠폰은 타 쿠폰과 중복 할인이 되지 않습니다.
3. 교재 환불 시 쿠폰 사용이 불가합니다.
4. 쿠폰 발급 후 60일 내로 사용이 가능합니다.
5. 본 쿠폰의 할인 코드는 1회만 사용이 가능합니다.

*쿠폰 사용 문의 : 카카오톡 채널 @맛있는스쿨

전화 화상 할인 이벤트

맛있는톡 할인 쿠폰

할인 코드 **jrcphone2qsj**

전화&화상 외국어 할인 쿠폰

10,000원

할인 쿠폰 사용 안내

1. 맛있는톡 전화&화상 중국어(phonejrc.com), 영어(eng.phonejrc.com)에 접속하여 [회원가입] 후 로그인을 합니다.
2. 메뉴中[쿠폰] → 하단[쿠폰 등록하기]에 쿠폰번호 입력 → [등록]을 클릭하면 쿠폰이 등록됩니다.
3. 전화&화상 외국어 수강 신청 시 [온라인 쿠폰 적용하기]를 클릭하여 등록된 쿠폰을 사용하세요.

쿠폰 사용 시 유의 사항

1. 본 쿠폰은 전화&화상 외국어 결제 시에만 사용이 가능합니다.
2. 본 쿠폰은 타 쿠폰과 중복 할인이 되지 않습니다.
3. 교재 환불 시 쿠폰 사용이 불가합니다.
4. 쿠폰 발급 후 60일 내로 사용이 가능합니다.
5. 본 쿠폰의 할인 코드는 1회만 사용이 가능합니다.

*쿠폰 사용 문의 : 카카오톡 채널 @맛있는스쿨

NEW 참 쉬운 중국어

2

맛있는 books

NEW 참 쉬운 중국어 ❷

제1판 1쇄 발행 2015년 12월 20일
제2판 1쇄 인쇄 2024년 7월 1일
제2판 1쇄 발행 2024년 7월 10일

저자	JRC 중국어연구소
발행인	김효정
발행처	맛있는books
등록번호	제2006-000273호

주소	서울시 서초구 명달로 54 JRC빌딩 7층
전화	구입문의 02·567·3861 | 02·567·3837
	내용문의 02·567·3860
팩스	02·567·2471
홈페이지	www.booksJRC.com

ISBN	979-11-6148-082-4 14720
	979-11-6148-071-8 (세트)
정가	16,500원

머리말

모국어가 아닌 외국어를 배운다는 것은 참으로 쉽지 않은 일입니다.

특히나 외국어를 배워서 그 나라 사람과 자연스럽게 교류하고 자신의 생각을 정확히 전달하는 것은 더더욱 어렵습니다.

외국어를 배우는 일은 매우 흥미로운 동시에 어려운 과정입니다.

머리가 노랗고 눈이 파란 여자아이가 중국어를 유창하게 말하는 모습을 상상해 보세요. 참으로 신기한 생각이 들면서, 어떻게 중국어를 이렇게 잘할 수 있을까? 하는 의문을 갖게 되지요.

언어 학습은 어떻게 해야 효과적일까요?

같은 한자 문화권에 있으면서도 우리는 왜 중국어가 어렵게만 느껴지는 것일까요?

다년간 여러 책을 학습했음에도 불구하고 왜 말이 나오지 않는 것일까요?

중요한 것은 자신이 어떤 자세, 어떤 방식으로 언어를 학습하느냐에 달려 있습니다.

일단 중국어에 대한 고정 관념을 깨야 합니다. 중국어가 어렵다고 생각하기보다 '중국어는 재미있다'라는 긍정적인 마음으로 학습에 몰두하기 바랍니다. 10권의 책을 한 번 보는 것보다 1권의 좋은 책을 10번 보는 것이 언어 학습에 훨씬 효과적입니다. 그만큼 언어 학습은 반복이 중요합니다.

이런 맥락에서 『참 쉬운 중국어』를 출간했습니다.

어렵고 방대한 내용을 담은 교재보다 가능한 간결하고 꼭 필요한 생활 회화를 담았고, 학습 내용을 충분히 반복해 자기 것으로 소화하고 연습할 수 있도록 구성했습니다. 10번이든 20번이든 자연스럽게 입으로 나올 수 있을 때까지 많이 반복해 듣고 말하기를 바랍니다. 언어 학습에 특별한 지름길이 있다고 생각되지는 않습니다. 꾸준한 노력과 흥미를 가지고 용감하게 말해 보세요!

『참 쉬운 중국어』가 여러분의 중국어 학습에 좋은 길잡이가 되기를 바라며, 이 교재가 출간되기까지 애써준 맛있는북스 직원들과 程艳玲 선생님께 심심한 감사의 뜻을 전합니다.

JRC 중국어연구소 金孝貞

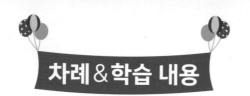

차례&학습 내용

CHAPTER 01

我来介绍一下。 제가 소개를 좀 하겠습니다.
Wǒ lái jièshào yíxià.

회화	어법	단어
자기소개 하기	一下	12지
· 我来介绍一下。	来	**문화** 중국인의 인사법
· 这位是……	位	
· 看起来你是韩国留学生吧?	看起来	

CHAPTER 02

你现在住在哪儿? 당신은 지금 어디에 사나요?
Nǐ xiànzài zhùzài nǎr?

회화	어법	단어
주거 환경 말하기 / 선택 표현	동사+在	주거와 생활
· 你现在住在哪儿?	不……也不……	**문화** 중국의 주거 문화
· 房间不大也不小。	有点儿	
· 您要大一点儿的, 还是小一点儿的?	선택의문문	

CHAPTER 03

你看过这部电影吗? 당신은 이 영화를 본 적 있나요?
Nǐ kànguo zhè bù diànyǐng ma?

회화	어법	노래
여가 생활 말하기 / 경험 말하기	过	첨밀밀(甜蜜蜜)
· 你看过这部电影吗?	遍	**문화** 중국의 OTT 플랫폼
· 我在韩国看过一遍。		
· 明天我们一起去看, 好吗?		

CHAPTER 04

昨天我买了两条短裤。 어제 저는 반바지를 두 개 샀어요.
Zuótiān wǒ mǎile liǎng tiáo duǎnkù.

회화	어법	단어
쇼핑하기	能과 可以	패션
· 请问, 可以试穿吗?	어기조사 了(1)	**문화** 중국의 의상
· 我们这儿不能讲价。	동태조사 了	치파오, 중산복
· 昨天我已经去了。	打算	
· 我买了两条短裤。		

이 책의 구성&활용법

학습 미션

본 과에서 학습할 내용을 미리 확인합니다.

기본 다지기 단어

회화를 배우기 전에 새 단어를 먼저 귀로 들으며 따라 읽어 보세요. 어렵거나 쓰임에 주의해야 할 단어는 □에 따로 표시해 놓고 복습할 때 활용해 보세요.

참 쉬운 회화

일상생활에 많이 쓰이는 의사소통 표현으로 이루어진 간결한 회화를 통해 살아 있는 중국어를 쉽게 학습할 수 있습니다.

· **한 걸음 더 Tip**
회화에 제시된 표현을 간략하게 설명해 놓았습니다.

· **중국 속으로!**
중국 생활 속 다양한 이야기를 통해 중국을 한층 더 이해할 수 있습니다.

맛있는북스 홈페이지에 로그인한 후 MP3 파일을 다운로드할 수 있어요.

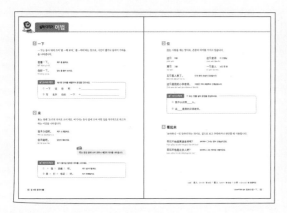

실력 다지기 어법

중국어의 핵심 어법이 간결하게 정리되어 있습니다. 쉬운 예문을 통해 이해력을 향상시키고, 학습 내용을 얼마나 이해했는지 「바로바로 체크」로 확인해 보세요.

참 쉬운 이야기

회화 내용을 쉬운 이야기로 엮었습니다. 이야기를 읽으며 회화의 내용을 복습하고, 자신의 입으로 읽은 후 써보세요. 중국어 문장을 쓸 수 있는 능력을 키울 수 있습니다.

· 대답해 보세요
  질문에 대답하며 이야기의 핵심 내용을 파악해 보세요.

표현 키우기 문장 연습

중국어의 핵심 문장을 트레이닝 할 수 있습니다. 교체 연습을 하면서 다양한 문장이 입에서 막힘 없이 나올 수 있도록 큰 소리로 읽어 보세요.

회화 익히기 그림 보고 말하기

제시된 그림을 보고 중국어로 표현해 보세요. 회화에서 익힌 표현을 일상생활에서 자연스럽게 말할 수 있도록 녹음을 들으며 큰 소리로 따라 해 보세요.

실력 쌓기 **연습문제**

듣기, 읽기, 말하기, 쓰기 영역이 통합된 문제를 통해 학습한
내용을 체크해 보세요.

테마 **활동**

중국 노래, 단어, 퍼즐 등 다양한 활동으로 학습한 내용을
자연스럽게 복습하며 중국어와 좀 더 친숙해질 수 있습니다.

사진으로 만나기 **중국 문화**

각 과의 주제와 관련된 중국 문화를 생생한 사진과 함께
느껴 보세요.

찾아보기

병음과 뜻이 제시되어 있어 단어장으로 활용할 수 있습니다.

중국어 제대로 쓰고, 제대로 읽으세요!
중국어를 쓴 후 가볍게 들고 다니면서 암송 노트로 적극적으로 활용해 보세요.

단어 쓰기

'중국어-우리말-중국어'로 구성된 녹음을 들으며 본문에
나오는 주요 단어를 쉽게 외워 보세요.

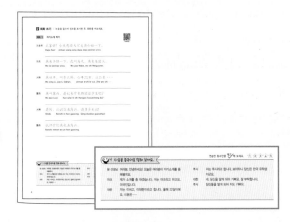

회화 쓰기

녹음을 들으며 성조를 표시하고, 큰 소리로 읽으며 중국어
회화를 따라 써보세요.
자신의 입으로 큰 소리로 반복해서 읽으며 중국어 문장을
자연스럽게 익힌 후, 우리말 문장을 보며 말해 보세요.

문형 쓰기

녹음을 듣고 큰 소리로 읽으며 주요 문형을 따라 써보세요.
'중국어-우리말-중국어'로 구성된 녹음을 들으며 문형을
쉽게 외워 보세요.

✦ 품사 약어표

품사명	약어	품사명	약어	품사명	약어
명사	명	고유명사	고유	조동사	조동
동사	동	인칭대사	대	접속사	접
형용사	형	의문대사	대	감탄사	감탄
부사	부	지시대사	대	접두사	접두
수사	수	어기조사	조	접미사	접미
양사	양	동태조사	조		
개사	개	구조조사	조		

✦ 고유명사 표기

중국의 지명, 기관 등의 명칭은 중국어 발음을 우리말로 표기하는 것을 원칙으로 하되, 우리에게 한자 독음으로 잘 알려진 고유명사는 한자 독음으로 표기했습니다. 인명은 각 나라에서 실제로 읽히는 발음을 우리말로 표기했습니다.

예 北京 Běijīng 베이징   长城 Chángchéng 만리장성   王明 Wáng Míng 왕밍   安娜 Ānnà 안나

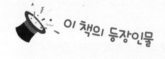

이 책의 등장인물

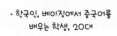

왕 선생님 王老师
• 중국인, 선생님, 30대

대한 大韩
• 한국인, 베이징에서 중국어를 배우는 학생, 20대

샤오메이 小美
• 중국인, 학생, 20대

마크 马克
• 미국인, 대한이의 룸메이트, 20대

안나 安娜
• 미국인, 학생, 20대

루시 露西
• 프랑스인, 학생, 20대

단어 퍼즐

가로 열쇠 🔑

① 안녕하세요!

③ 영화를 보다

⑤ 자전거를 타다

⑦ 수업이 끝나다, 수업을 마치다

⑧ 옷을 사다

⑩ 왜, 어째서

⑫ 숙제를 하다

⑭ 지금, 현재

⑯ 좋아하다

⑱ 학우, 동창(생)

㉑ 일요일

㉓ 천만에요

㉕ 같이, 함께

㉖ 어디, 어느 곳

㉗ 빨간색

세로 열쇠 🔑

② 보기 좋다, 아름답다

④ 텔레비전

⑥ 운전하다

⑦ 오후

⑨ 종업원

⑪ 어떠하다

⑬ 일, 일하다

⑮ ~에 살다, ~에 거주하다

⑰ 오신 것을 환영합니다, 어서 오십시오

⑲ 중국어를 배우다

⑳ 매일

㉒ 미안합니다

㉔ 날씨

㉕ 조금

㉘ 색깔

정답 → 203쪽

CHAPTER

01

我来介绍一下。

Wǒ lái jièshào yíxià.

제가 소개를 좀 하겠습니다.

학습 미션

회화 자기소개를 할 수 있다

어법 一下 / 来 / 位 / 看起来

Track01-01

회화★1

☐☐	自我介绍	zìwǒ jièshào	자기소개 하다
☐☐	一下	yíxià	좀 ~하다
☐☐	来	lái	통 다른 동사 앞에서 적극적인 어감을 나타냄
☐☐	介绍	jièshào	통 소개하다
☐☐	位	wèi	양 분[사람의 수를 세는 단위]
☐☐	看起来	kàn qǐlai	보아하니
☐☐	留学生	liúxuéshēng	명 유학생

➕ 留 liú 머무르다 | 留学 liú xué 유학하다

☐☐	吧	ba	조 ~이지요?[추측, 권유, 제안, 가벼운 명령을 나타내는 어기조사]
☐☐	是的	shìde	네, 맞다
☐☐	关照	guānzhào	통 돌보다, 보살펴 주다

회화★2

☐☐	再次	zàicì	부 다시 한 번

➕ 次 cì 번, 회[동작의 횟수를 세는 단위]

☐☐	见到	jiàndào	통 만나다, 마주치다
☐☐	上次	shàngcì	명 지난번
☐☐	小	xiǎo	형 작다, (나이가) 어리다

➕ 大 dà 크다, (나이가) 많다

☐☐	同岁	tóngsuì	통 동갑이다
☐☐	属狗	shǔ gǒu	개띠
☐☐	做朋友	zuò péngyou	친구가 되다, 친구로 지내다
☐☐	太……了	tài……le	너무 ~하다

회화 ★ 1　자기소개 하기

Track01-02

王老师　大家好! 今天想请大家自我介绍一下❶。
　　　　Dàjiā hǎo!　Jīntiān xiǎng qǐng dàjiā zìwǒ jièshào yíxià.

马克　我来❷介绍一下。我叫马克，我是美国人。
　　　Wǒ lái jièshào yíxià.　Wǒ jiào Mǎkè, wǒ shì Měiguórén.

大韩　我姓李，叫李大韩。
　　　Wǒ xìng Lǐ, jiào Lǐ Dàhán.

　　　今年22岁。这位❸是……
　　　Jīnnián èrshí'èr suì. Zhè wèi shì……

露西　我叫露西。看起来❹你是韩国留学生吧?
　　　Wǒ jiào Lùxī.　Kàn qǐlai nǐ shì Hánguó liúxuéshēng ba?

大韩　是的。认识你很高兴。请多多关照!
　　　Shìde.　Rènshi nǐ hěn gāoxìng.　Qǐng duōduō guānzhào!

露西　认识你们我也很高兴。
　　　Rènshi nǐmen wǒ yě hěn gāoxìng.

회화 ★2 친구 사귀기

大韩 **你好！很高兴再次见到你！**
Nǐ hǎo! Hěn gāoxìng zàicì jiàndào nǐ!

露西 **我也是。上次你说你今年22岁，对吧？**
Wǒ yě shì. Shàngcì nǐ shuō nǐ jīnnián èrshí'èr suì, duì ba?

大韩 **对。看起来你很小，你今年多大？**
Duì. Kàn qǐlai nǐ hěn xiǎo, nǐ jīnnián duō dà?

露西 **我跟你同岁，今年也22岁，属狗。**
Wǒ gēn nǐ tóngsuì, jīnnián yě èrshí'èr suì, shǔ gǒu.

大韩 **是吗？那我们做朋友吧！**
Shì ma? Nà wǒmen zuò péngyou ba!

露西 **太好了。**
Tài hǎo le.

중국 속으로!

성 앞에 小 혹은 老를 붙여 불러요

중국에서 사람을 부를 때 小王이나 老王이라고 부르는 것을 들어 본 적 있나요? 小와 老는 성(姓) 앞에 쓰여서 친근감이나 존중의 의미를 나타내는데, 상대방이 자신보다 나이가 어리거나 비슷하면 小를 붙이고, 상대방이 자신보다 나이가 많거나 예의를 갖춰야 할 때는 老를 붙인답니다.

1 一下

一下는 동사 뒤에 쓰여 '좀 ~해 보다', '좀 ~하다'라는 뜻으로, 시간이 짧거나 동작이 가벼움을 나타냅니다.

我看一下。　　　제가 좀 볼게요.
Wǒ kàn yíxià.

你听一下。　　　당신 좀 들어 보세요.
Nǐ tīng yíxià.

☑ **바로바로 체크**　　제시된 단어를 배열하여 문장을 만드세요.

① 一下　说　你　吧　　⇨ _____

② 写　名字　你的　一下　⇨ _____

---

2 来

来는 원래 '오다'의 의미로 쓰이지만, 여기서는 동사 앞에 쓰여 어떤 일을 적극적으로 하고자 하는 어감을 나타냅니다.

我来介绍吧。　　제가 소개할게요.
Wǒ lái jièshào ba.

你来做吧。　　당신이 해보세요.
Nǐ lái zuò ba.

TIP
吧는 문장 끝에 쓰여 권유나 제안의 의미를 나타냅니다.

☑ **바로바로 체크**　　来가 들어갈 알맞은 위치를 고르세요.

① A 我 B 洗碗 C 吧。　　　제가 설거지할게요.

② 我 A 打 B 电话 C 吧。　　제가 전화할게요.

---

3 位

位는 사람을 세는 양사로, 존중의 의미를 가지고 있습니다.

这位 이분
zhè wèi

这位老师 이 선생님
zhè wèi lǎoshī

那位 그분
nà wèi

一位老人 노인 한 분
yí wèi lǎorén

五位客人来了。 다섯 분의 손님이 오셨습니다.
Wǔ wèi kèrén lái le.

这位是我的小学老师。 이분은 저의 초등학교 선생님입니다.
Zhè wèi shì wǒ de xiǎoxué lǎoshī.

> ☑ 바로바로 체크　　个 또는 位를 넣어 문장을 완성하세요.
>
> ① 我不认识那____人。
>
> ② 这____是我的汉语老师。

4 看起来

'보아하니 ~인 듯하다'라는 의미로, 겉으로 보고 추측하거나 판단할 때 사용합니다.

看起来她是英语老师吧? 보아하니 그녀는 영어 선생님이군요.
Kàn qǐlai tā shì Yīngyǔ lǎoshī ba?

看起来他是北京人吧? 보아하니 그는 베이징 사람이군요.
Kàn qǐlai tā shì Běijīngrén ba?

단어 老人 lǎorén 명 노인 | 客人 kèrén 명 손님 | 小学 xiǎoxué 명 초등학교

다음 사진을 보고 看起来를 써서 대화를 완성하세요.

①

A 今天天气怎么样?

B _____ 。

②

A 她的心情怎么样?

B _____ 。

단어 心情 xīnqíng 몡 기분, 감정

수업 첫날

Track01-04

我叫大韩，今年22岁，是韩国人，来北京学汉语。
Wǒ jiào Dàhán, jīnnián èrshí'èr suì, shì Hánguórén, lái Běijīng xué Hànyǔ.

今天第一天上课。我和同学自我介绍。有一个同学叫
Jīntiān dì-yī tiān shàng kè. Wǒ hé tóngxué zìwǒ jièshào.　Yǒu yí ge tóngxué jiào

露西，是一个法国女孩儿，很漂亮。
Lùxī,　shì yí ge Fǎguó nǚháir, hěn piàoliang.

我们的老师叫王丽丽，今年35岁，在北京教汉语。看起
Wǒmen de lǎoshī jiào Wáng Lìli, jīnnián sānshíwǔ suì, zài Běijīng jiāo Hànyǔ. Kàn qǐ

来，她是一个很聪明的人。
lai,　tā shì yí ge hěn cōngmíng de rén.

 대답해 보세요

① 大韩今年多大?
② 今天上课大韩做什么?

· 第一天 dì-yī tiān 첫날
· 女孩儿 nǚháir 몡 여자아이
· 漂亮 piàoliang 혱 예쁘다, 아름답다
· 聪明 cōngming 혱 총명하다, 똑똑하다

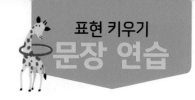

Track01-05

➕ 제시된 표현을 자연스럽게 따라 읽으며 중국어 문장을 익혀 보세요.

❶ 我来 介绍 一下。
Wǒ lái jièshào yíxià.

看
kàn

说
shuō

❷ A 这 位是谁?
Zhè wèi shì shéi?

那
Nà

B 这 位是我的 汉语老师 。
Zhè wèi shì wǒ de Hànyǔ lǎoshī

那 英语老师
Nà Yīngyǔ lǎoshī

❸ 看起来，你是 韩国留学生 吧?
Kàn qǐlai, nǐ shì Hánguó liúxuéshēng ba?

汉语老师
Hànyǔ lǎoshī

美国人
Měiguórén

💬 다음을 중국어로 말해 보세요.

• 제가 좀 써보겠습니다.

• 이분은 저의 일본어 선생님입니다.

• 보아하니 당신은 영국(英国 Yīngguó) 사람이군요.

회화 익히기

➕ 다음 그림을 보고 질문에 답해 보세요.

Track01-06

1

자기 소개서

국적: 한국
나이: 22세
직업: 대학생
중국 방문 목적: 어학 연수

2

공항 입국 신고서

이 름: 루시
국 적: 프랑스
나 이: 22세
출발지: 파리
도착지: 베이징

❶ 他今年多大?

➡ _____。

❷ 他来北京做什么?

➡ _____。

❸ 他做什么工作?

➡ _____。

❶ 她是哪国人?

➡ _____。

❷ 她怎么来北京?

➡ _____。

❸ 现在她在哪儿?

➡ _____。

단어 机场 jīchǎng 몡 공항

Track01-07

1 녹음을 듣고 질문에 알맞은 답을 고르세요.

① 玛丽是哪国人?

   Ⓐ 韩国人   Ⓑ 美国人   Ⓒ 法国人   Ⓓ 英国人

② 玛丽来中国做什么?

   Ⓐ 教汉语   Ⓑ 学汉语   Ⓒ 工作   Ⓓ 教英语

2 〈보기〉의 내용을 참고하여 자기소개를 연습해 보세요.

> 보기   我来介绍一下。我叫大韩，今年22岁，是韩国人，来北京学汉语。请多多关照。

	① 	② 	③ 
이 름	金英爱(Jīn Yīng'ài) 김영애	杰克(Jiékè) 잭	山本(Shānběn) 야마모토
나 이	21岁	34岁	25岁
국 적	韩国	英国	日本
직 업	大学生	英语老师	留学生

3 제시된 단어를 어순에 맞게 배열하여 문장을 만드세요.

❶ 这位   我的   是   爷爷

‧‧❖ _____。

❷ 你   留学生   不是   韩国   看起来

‧‧❖ _____。

❸ 我   大韩   叫 / 北京   来   汉语   学

‧‧❖ _____。

4 제시된 표현을 사용하여 다음 문장을 중국어로 써보세요.

❶ 보아하니, 당신은 한국 유학생이군요. (看起来, 吧)

‧‧❖ _____?

❷ 저 선생님은 한국인이 아니라 중국인입니다. (那位)

‧‧❖ _____。

❸ 나는 당신과 동갑이고, 개띠예요. (属)

‧‧❖ _____。

❹ 제가 자기소개를 좀 하겠습니다. (来, 一下)

‧‧❖ _____。

단어 玛丽 Mǎlì 고유 메리[인명]

鼠 shǔ
쥐

牛 niú
소

虎 hǔ
호랑이

兔 tù
토끼

龙 lóng
용

蛇 shé
뱀

马 mǎ
말

羊 yáng
양

猴 hóu
원숭이

鸡 jī
닭

狗 gǒu
개

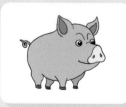

猪 zhū
돼지

중국 문화

중국인의 인사법

중국인은 허리를 굽혀 인사하지 않습니다. 중국인은 아는 사람을 만나면 '你好!(Nǐ hǎo! 안녕하세요!)'라고 인사하기도 하지만, 친한 사이일 경우에는 '你吃饭了吗?(Nǐ chī fàn le ma? 당신은 식사했어요?)' 또는 '你去哪儿?(Nǐ qù nǎr? 당신은 어디에 가나요?)'처럼 간단한 인사말을 나눕니다.

비즈니스 업무로 만난 경우에는 보통 악수를 합니다. 첫만남에 상대방의 이름을 물을 경우에는 '你叫什么名字?(Nǐ jiào shénme míngzi? 당신의 이름은 무엇입니까?)'라고 묻기보다는 '您贵姓?(Nín guìxìng? 성이 어떻게 되십니까?)'이라고 묻는 것이 좋습니다. 대답할 때는 '免贵姓王。(Miǎn guì xìng Wáng. 저는 왕씨입니다.)'으로 겸손하게 말하거나 혹은 '我姓王。(Wǒ xìng Wáng. 저는 왕씨입니다.)'이라고 대답하면 됩니다.

중국의 전통 인사법으로는 한족(汉族 Hànzú)의 공수(拱手 gǒng shǒu)가 있습니다. 공수는 가슴 높이에서 오른손은 주먹을 쥐고 왼손으로 오른손을 완전히 감싸는 인사법인데, 새해에 중국인들은 공수를 하면서 새해 인사를 나누기도 합니다. 장례식에서는 오른손과 왼손의 위치가 반대가 된다고 하니 주의하세요!

비즈니스 업무로 만났을 때 인사법

공수(拱手)

你现在住在哪儿?

Nǐ xiànzài zhùzài nǎr?

당신은 지금 어디에 사나요?

학습 미션

회화 주거 환경에 대해 묘사할 수 있다
선택 표현을 말할 수 있다

어법 동사+在 / 不……也不…… / 有点儿 / 선택의문문

기본 다지기 단어

Track02-01

회화★1

☐☐	条件	tiáojiàn	명 조건
☐☐	不错	búcuò	형 좋다, 괜찮다
☐☐	房间	fángjiān	명 방

➕ 屋子 wūzi 방 │ 房东 fángdōng 집주인

☐☐	大	dà	형 크다, (나이가) 많다
☐☐	生活	shēnghuó	명동 생활(하다)
☐☐	方便	fāngbiàn	형 편하다, 편리하다

➕ 方便面 fāngbiànmiàn 라면 │ 不方便 bù fāngbiàn 불편하다

☐☐	就是	jiùshì	부 단지
☐☐	有点儿	yǒudiǎnr	부 약간, 조금
☐☐	吵	chǎo	형 시끄럽다, 떠들썩하다

회화★2

☐☐	职员	zhíyuán	명 직원
☐☐	房子	fángzi	명 집
☐☐	还是	háishi	접 아니면, 또는
☐☐	面积	miànjī	명 면적, 넓이
☐☐	交通	jiāotōng	명 교통
☐☐	房租	fángzū	명 방세, 집세
☐☐	千	qiān	수 1,000, 천

Track02-02

회화 ★ 1 사는 곳 묻기

王老师 　你现在住在❶哪儿?
　　　　Nǐ xiànzài zhùzài nǎr?

大韩 　　我住在留学生宿舍。
　　　　Wǒ zhùzài liúxuéshēng sùshè.

王老师 　条件怎么样?
　　　　Tiáojiàn zěnmeyàng?

大韩 　　条件不错，房间不大也不小❷。
　　　　Tiáojiàn búcuò, fángjiān bú dà yě bù xiǎo.

王老师 　生活方便不方便?
　　　　Shēnghuó fāngbiàn bu fāngbiàn?

大韩 　　很方便。商店、银行都在附近，就是有点儿❸吵。
　　　　Hěn fāngbiàn. Shāngdiàn、yínháng dōu zài fùjìn, jiùshì yǒudiǎnr chǎo.

又……又……

'~하기도 하고 ~하기도 하다'라는 의미로, 두 가지 동작이나 성질이 모두 존재함을 나타냅니다.

我又学汉语又学英语。 저는 중국어도 배우고 영어도 배웁니다.
Wǒ yòu xué Hànyǔ yòu xué Yīngyǔ.

Track02-03

회화★2 집 구하기

安娜 **您好! 我想看房子。**
Nín hǎo! Wǒ xiǎng kàn fángzi.

职员 **您要大一点儿的，还是④小一点儿的?**
Nín yào dà yìdiǎnr de, háishi xiǎo yìdiǎnr de?

安娜 **我要面积又大，交通又方便的。**
Wǒ yào miànjī yòu dà, jiāotōng yòu fāngbiàn de.

职员 **您看这个房子怎么样?**
Nín kàn zhège fángzi zěnmeyàng?

安娜 **看起来不错。**
Kàn qǐlai búcuò.

    那房租一个月多少钱?
Nà fángzū yí ge yuè duōshao qián?

职员 **一个月3000块。**
Yí ge yuè sānqiān kuài.

중국 속으로!

중국 기숙사의 규모는 엄청나요!

중국은 대부분의 학생들이 기숙사 생활을 합니다. 우리나라 기숙사와는 다르게 많은 인원을 수용해야 하기 때문에 아파트 단지처럼 규모가 크죠. 보통 4인실에서 8인실까지 있고 2층 침대를 사용해요. 방 안에 화장실이 있는 곳도 있고 공용 화장실과 공용 샤워실을 이용하는 곳도 있어요. 시설은 학교마다 다양한데, 전기의 경우 인당 무료로 사용하는 전기량을 다 쓰면 돈을 내고 충전해야 하는 곳도 있다고 하네요.

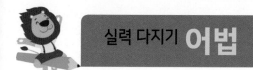

1 동사+在

여기서 在는 동사 뒤에 쓰여 동작의 결과가 어떠한지를 나타내는 결과보어입니다. 在 뒤에는 주로 장소 목적어가 쓰여, 동작이 그 장소에 '고정되었다'라는 의미를 나타냅니다.

我住在学校附近。　　　저는 학교 근처에 살고 있습니다.
Wǒ zhùzài xuéxiào fùjìn.

她坐在我的旁边儿。　　그녀는 내 옆에 앉아 있습니다.
Tā zuòzài wǒ de pángbiānr.

> **TIP**
>
> **在의 여러 가지 용법**
>
> ① 동사 : ~에 있다(존재)
>
> 　我在家。저는 집에 있습니다.
> 　Wǒ zài jiā.
>
> ② 개사 : ~에서(장소)
>
> 　我在家吃饭。저는 집에서 밥을 먹습니다.
> 　Wǒ zài jiā chī fàn.
>
> ③ 결과보어 : 동작의 고정을 나타냄
>
> 　我住在首尔。저는 서울에 살고 있습니다.
> 　Wǒ zhùzài Shǒu'ěr.
>
> ④ 부사 : ~하는 중이다(진행)
>
> 　我在吃饭。저는 밥 먹는 중입니다.
> 　Wǒ zài chī fàn.

☑ **바로바로 체크**　在가 들어갈 알맞은 위치를 고르세요.

① 　A 今天晚上我　B 家　C 吃饭。

② 　A 我的名字　B 写　C 书上了。

단어　上 shàng 뎽 위 | 冷 lěng 혱 춥다 | 热 rè 혱 덥다 | 多 duō 혱 많다 | 少 shǎo 혱 적다 | 容易 róngyì 혱 쉽다, 용이하다 | 条 tiáo 얭 (옷·강·길 등) 가늘고 긴 것을 세는 단위

2 不……也不……

'~하지도 않고, ~하지도 않다'는 뜻으로, 딱 적당하다는 의미를 나타낼 때 쓰는 표현입니다.

今天不冷也不热。
Jīntiān bù lěng yě bú rè.

오늘은 춥지도 않고 덥지도 않습니다.

这件衣服不贵也不便宜。
Zhè jiàn yīfu bú guì yě bù piányi.

이 옷은 비싸지도 않고 싸지도 않습니다.

 바로바로 체크 다음 중 알맞은 단어를 넣어 문장을 완성하세요.

大 – 小   多 – 少   难 – 容易

① 这条裤子不_____也不_____。

② 汉语不_____也不_____。

3 有点儿

'有点儿+형용사'는 '조금 ~하다'라는 뜻으로, 어떤 기준이나 기대치와 다소 차이가 있어 약간 불만족스러운 느낌을 나타낼 때 사용합니다.

这双鞋有点儿大。
Zhè shuāng xié yǒudiǎnr dà.

이 신발은 조금 큽니다.

今天我有点儿累。
Jīntiān wǒ yǒudiǎnr lèi.

오늘 저는 조금 피곤합니다.

> **TIP**
>
> 有点儿大와 大一点儿의 차이
> ① 有点儿大 : '조금 크다'의 뜻으로, 불만스러운 의미를 내포하고 있습니다.
> ② 大一点儿 : 객관적으로 비교해서 '약간 크다'라는 뜻입니다.

다음 중 알맞은 단어를 골라 문장을 완성하세요.

① 这个手机（有点儿 / 一点儿）贵，有便宜（有点儿 / 一点儿）的吗？

② 这个（有点儿 / 一点儿）大，我喜欢小（有点儿 / 一点儿）的。

4 선택의문문

접속사 还是를 사용하여 'A 아니면 B'라는 의미를 나타내는 것을 선택의문문이라고 합니다.
이때 문장 끝에 吗를 붙이지 않습니다.

你喝咖啡还是(喝)茶?　　　　당신은 커피를 마시겠어요, 아니면 차를 마시겠어요?
Nǐ hē kāfēi háishi (hē) chá?

他是中国人还是韩国人?　　　그는 중국인입니까, 아니면 한국인입니까?
Tā shì Zhōngguórén háishi Hánguórén?

还是를 사용하여 다음 대화를 완성하세요.

① A _____?

B 我不买裤子，我买裙子。

② A _____?

B 我喜欢看电视，不喜欢看电影。

단어 　裙子 qúnzi 명 치마

기숙사 생활

Track02-04

大韩住在学校宿舍。他住的是双人间，条件很不错。
Dàhán zhùzài xuéxiào sùshè. Tā zhù de shì shuāngrénjiān, tiáojiàn hěn búcuò.

房间不大也不小，里边儿有床、电视、冰箱，还有
Fángjiān bú dà yě bù xiǎo, lǐbianr yǒu chuáng、diànshì、bīngxiāng, hái yǒu

空调。宿舍附近有银行、商店、饭店，很方便。
kōngtiáo. Sùshè fùjìn yǒu yínháng、shāngdiàn、fàndiàn, hěn fāngbiàn.

大韩有一个同屋，叫马克。 马克是美国人， 个子很高，
Dàhán yǒu yí ge tóngwū, jiào Mǎkè.　　Mǎkè shì Měiguórén,　gèzi hěn gāo,

他的汉语很不错。他们都喜欢住在北京。
tā de Hànyǔ hěn búcuò.　Tāmen dōu xǐhuan zhùzài Běijīng.

 대답해 보세요

① 大韩的房间里都有什么?
② 请介绍一下马克。

· 双人间 shuāngrénjiān 몡 2인실
· 里边儿 lǐbianr 몡 안(쪽), 속
· 床 chuáng 몡 침대
· 冰箱 bīngxiāng 몡 냉장고
· 还 hái 凰 또, 더
· 空调 kōngtiáo 몡 에어컨
· 饭店 fàndiàn 몡 호텔, 식당
· 同屋 tóngwū 몡 룸메이트
· 个子 gèzi 몡 키

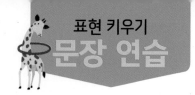

Track02-05

➕ 제시된 표현을 자연스럽게 따라 읽으며 중국어 문장을 익혀 보세요.

❶ 我住在　留学生宿舍　。
Wǒ zhùzài　liúxuéshēng sùshè

北京
Běijīng

学校附近
xuéxiào fùjìn

❷ 不错，　房间　　不　　大　　也不　　小　。
Búcuò,　fángjiān　bú　dà　yě bù　xiǎo
　　　　　　　　　　(bù)

个子　　　　高　　　　矮
gèzi　　　　gāo　　　　ǎi

这件毛衣　　贵　　　便宜
zhè jiàn máoyī　guì　　piányi

· 毛衣　máoyī　명 스웨터

❸ 商店、银行都在附近，就是有点儿　吵　。
Shāngdiàn, yínháng dōu zài fùjìn, jiùshì yǒudiǎnr　chǎo

贵
guì

远
yuǎn

· 远　yuǎn　형 멀다

💬 **다음을 중국어로 말해 보세요.**

· 저는 상하이(上海 Shànghǎi)에 삽니다.

· 제가 산 텔레비전은 크지도 않고 작지도 않아요.

· 이 옷은 예쁜데, 단지 좀 비쌉니다.

회화 익히기

➕ 다음 그림을 보고 〈보기〉와 같이 말해 보세요.

보기

A 大韩的房间怎么样?
　대한이의 방은 어때요?

B 很不错，房间不大也不小。
　좋네요. 방이 크지도 않고 작지도 않아요.

❶

오늘 20°C

A 今天天气怎么样?

B ＿＿＿＿＿＿＿，＿＿＿＿＿＿＿＿＿＿。

❷

A 这个手机怎么样?

B ＿＿＿＿＿＿＿，＿＿＿＿＿＿＿＿＿＿。

❸

他

A 他的个子怎么样?

B ＿＿＿＿＿＿＿，＿＿＿＿＿＿＿＿＿＿。

Track02-07

1 녹음을 듣고 질문에 알맞은 답을 고르세요.

① 他家附近有什么?

    Ⓐ 学校   Ⓑ 银行   Ⓒ 饭店   Ⓓ 邮局

② 他现在没有什么?

    Ⓐ 女朋友   Ⓑ 中国朋友   Ⓒ 韩国朋友   Ⓓ 男朋友

2 〈보기〉의 내용을 참고하여 주거 환경에 대해 묻는 대화를 연습해 보세요.

보기
  A 你现在住在哪儿?

  B 我住在<u>留学生宿舍</u>。

  A 生活方便不方便?

  B 很方便。商店、银行都在附近,就是<u>有点儿</u>吵。

①
公寓/贵

②
学校宿舍/小

단어   公寓 gōngyù   몡 아파트

3 다음 〈보기〉 중에서 빈칸에 들어갈 알맞은 표현을 고르세요.

> 보기   有点儿   不……也不……   还是   住在

① 你_____哪儿?

② 你喜欢吃韩国菜_____中国菜?

③ 北京的生活_____不方便。

④ 这双鞋_____大_____小。

4 제시된 표현을 사용하여 다음 문장을 중국어로 써보세요.

① 저는 회사 근처에 삽니다. (住在)

⇢ _____。

② 우리 학교는 크지도 않고 작지도 않아요. (不……也不……)

⇢ _____。

③ 날씨가 좋은데, 단지 좀 더워요. (就是, 有点儿)

⇢ _____。

④ 당신 회사의 조건(条件)이 어떻습니까?

⇢ _____?

Track 02-08

客厅 kètīng

거실

卫生间 wèishēngjiān

화장실

卧室 wòshì

침실

厨房 chúfáng

주방

洗衣机 xǐyījī

세탁기

吹风机 chuīfēngjī

드라이어

중국의 주거 문화

중국은 사회주의 국가이기 때문에 토지는 모두 국가의 소유이고 주택을 구입하면 토지의 사용권을 갖게 됩니다. 개혁 개방(改革开放 gǎigé kāifàng) 이후 시장 경제가 활성화되면서 주택도 사고팔 수 있는 '상품'이 되었습니다. 경제가 나날이 발전하고 2008년 베이징 올림픽(北京奥运会 Běijīng Àoyùnhuì)을 개최한 후 중국의 집값은 많이 상승했습니다.

중국은 입식 생활을 하기 때문에 집 안에서도 신발이나 실내화를 신고 생활합니다. 겨울에는 주로 라디에이터로 난방을 하지만, 우리나라와 같이 온돌 방식으로 설계하는 아파트도 늘어나고 있습니다. 중국은 주로 기름진 음식을 요리하기 때문에 부엌을 분리하여 설계하는 경우가 많습니다.

중국에서는 새 아파트를 구입하면 콘크리트가 그대로 드러나 있어 전등, 변기, 벽지 등 내부 인테리어를 직접 해야 하는데, 내부 인테리어가 되어 있는 집은 인테리어 비용까지 추가되어 집값이 조금 더 비싸답니다.

중국의 아파트

중국 부동산 거래 사이트 自如

CHAPTER 03

你看过这部电影吗?

Nǐ kànguo zhè bù diànyǐng ma?

당신은 이 영화를 본 적 있나요?

기본 다지기
단어

Track03-01

회화 ★1

	过	guo	조 ~한 적 있다
	部	bù	양 부, 편[서적이나 영화 편수를 세는 단위]
	可是	kěshì	접 그러나
	听说	tīngshuō	통 듣자 하니
	遍	biàn	양 번, 회[동작의 횟수를 세는 단위]
	特别	tèbié	부 특히, 매우
	动作片	dòngzuòpiàn	명 액션 영화

회화 ★2

	电视剧	diànshìjù	명 드라마
	见	jiàn	통 만나다, 마주치다
	找	zhǎo	통 찾다
	时间	shíjiān	명 시간

➕ 找时间 zhǎo shíjiān 시간을 내다

| | 当然 | dāngrán | 부 당연히, 물론 |

➕ 当然好了 dāngrán hǎo le 당연히 좋지

Track03-02

회화★1 여가 생활1

大韩　你看过[1]这部电影吗?
Nǐ kànguo zhè bù diànyǐng ma?

小美　还没看过，可是我听说过。
Hái méi kànguo, kěshì wǒ tīngshuōguo.

大韩　我在韩国看过一遍[2]。很有意思。
Wǒ zài Hánguó kànguo yí biàn.　Hěn yǒu yìsi.

小美　听说你特别喜欢看动作片，我也很想看。
Tīngshuō nǐ tèbié xǐhuan kàn dòngzuòpiàn, wǒ yě hěn xiǎng kàn.

大韩　明天我们一起去看，好吗?
Míngtiān wǒmen yìqǐ qù kàn, hǎo ma?

小美　好啊。
Hǎo a.

Track03-03

회화★2 여가 생활2

马克 这个周末你想干什么?
　　　Zhège zhōumò nǐ xiǎng gàn shénme?

安娜 我想在家看电视剧。
　　　Wǒ xiǎng zài jiā kàn diànshìjù.

马克 有什么有意思的电视剧吗?
　　　Yǒu shénme yǒu yìsi de diànshìjù ma?

安娜 听说《想见你》很有意思,你看过吗?
　　　Tīngshuō《Xiǎng jiàn nǐ》hěn yǒu yìsi, nǐ kànguo ma?

马克 没看过,我也很想看。那我们找时间一起看吧。
　　　Méi kànguo, wǒ yě hěn xiǎng kàn. Nà wǒmen zhǎo shíjiān yìqǐ kàn ba.

安娜 我当然好了。
　　　Wǒ dāngrán hǎo le.

중국 속으로!

「黑暗荣耀」가 뭐예요?

「오징어 게임」, 「재벌집 막내아들」, 「더 글로리」 등이 중화권에서도 많은 인기를 끌면서 드라마에 출연한 배우까지 큰 사랑을 받고 있는데, 이 드라마는 중국어로 어떻게 번역되었는지 한번 알아볼까요? 바로 「鱿鱼游戏 Yóuyú Yóuxì」, 「财阀家的小儿子 Cáifá Jiā De Xiǎo Érzi」, 「黑暗荣耀 Hēi'àn Róngyào」라고 합니다. 우리나라에서도 인기 있는 중화권 드라마가 리메이크되기도 하는데, 대표적으로 「步步惊心 Bùbù Jīngxīn 달의 연인 - 보보경심 려」, 「想见你 너의 시간 속으로」가 있어요.

1 过

조사 过는 '~한 적 있다'라는 의미로 동사 뒤에 쓰여 과거의 경험을 나타냅니다. 이처럼 过가
동태조사로 쓰일 때는 경성으로 읽습니다.

■ 긍정문

> 동사 + 过 : ~한 적이 있습니다

我去过北京。　　　　　저는 베이징에 가본 적이 있습니다.
Wǒ qùguo Běijīng.

他吃过中国菜。　　　　그는 중국요리를 먹어 본 적이 있습니다.
Tā chīguo Zhōngguó cài.

■ 부정문

> 没(有) + 동사 + 过 : ~한 적이 없습니다

我没(有)去过长城。　　저는 만리장성에 가본 적이 없습니다.
Wǒ méi(yǒu) qùguo Chángchéng.

他还没看过那部电影。　그는 아직 그 영화를 본 적이 없습니다.
Tā hái méi kànguo nà bù diànyǐng.

■ 의문문

> 동사 + 过 + 吗? : ~한 적이 있습니까?
> 동사 + 过 + 没有? : ~한 적이 있습니까, 없습니까?

你见过他吗?　　　　　당신은 그를 만난 적이 있습니까?
Nǐ jiànguo tā ma?

她学过汉语没有?　　　그녀는 중국어를 배운 적이 있습니까, 없습니까?
Tā xuéguo Hànyǔ méiyǒu?

다음 문장을 〈보기〉와 같이 의문문과 부정문으로 바꿔 보세요.

> 보기 去过中国。 ⇨ 去过中国吗? 去过中国没有? ⇨ 没去过中国。

① 吃过烤鸭。 ⇨ _____ ⇨ _____

② 学过英语。 ⇨ _____ ⇨ _____

③ 看过熊猫。 ⇨ _____ ⇨ _____

2 遍

遍은 '처음부터 끝까지 한 번'이라는 의미로 동사 뒤에 쓰여 동작의 횟수를 나타내는데, 이처럼 동작의 횟수를 표현하는 보어를 동량보어라고 합니다.

这部电影我看过五遍。　　　이 영화를 저는 다섯 번 본 적이 있습니다.
Zhè bù diànyǐng wǒ kànguo wǔ biàn.

我看过两遍这本书。　　　저는 이 책을 두 번 본 적이 있습니다.
Wǒ kànguo liǎng biàn zhè běn shū.

TIP

遍과 次의 차이점

遍은 '처음부터 끝까지 한 번'을 나타내고, 次(cì 번, 회)는 단순히 동작이 발생한 횟수를 나타냅니다.

这本书我看过一遍。 이 책을 저는 한 번 본 적이 있습니다.
Zhè běn shū wǒ kànguo yí biàn.

❷ 처음부터 끝까지 이 책을 다 읽었다는 의미를 나타냄

这本书我看过一次。 이 책을 저는 한 번 본 적이 있습니다.
Zhè běn shū wǒ kànguo yí cì.

❷ 이 책을 한 번 본 적이 있을 뿐 끝까지 봤다는 의미는 아님

단어 烤鸭 kǎoyā 몡 오리구이

바로바로 체크 빈칸에 次 또는 遍을 넣어 문장을 완성하세요.

① 我吃过一_____中国菜。

② 你看过几_____这本书?

③ 请你写一_____你的名字。

영화가 좋다

Track03-04

这是一部很有名的韩国动作片。大韩是影迷。他特别
Zhè shì yí bù hěn yǒumíng de Hánguó dòngzuòpiàn. Dàhán shì yǐngmí. Tā tèbié

喜欢看动作片。
xǐhuan kàn dòngzuòpiàn.

大韩在韩国看过这部电影，觉得很有意思。听说小美
Dàhán zài Hánguó kànguo zhè bù diànyǐng, juéde hěn yǒu yìsi. Tīngshuō Xiǎoměi

还没看过，很想看。所以大韩想和小美一起去看这部电影。
hái méi kànguo, hěn xiǎng kàn. Suǒyǐ Dàhán xiǎng hé Xiǎoměi yìqǐ qù kàn zhè bù diànyǐng.

대답해 보세요

① 大韩觉得这部电影怎么样?
② 小美看过这部电影吗?

· 有名 yǒumíng 휑 유명하다
· 影迷 yǐngmí 명 영화 팬
· 觉得 juéde 동 느끼다, 생각하다
· 所以 suǒyǐ 젭 그래서, 그런 까닭에

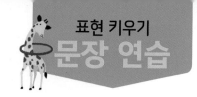

Track03-05

➕ 제시된 표현을 자연스럽게 따라 읽으며 중국어 문장을 익혀 보세요.

❶ 我看过 **中国电影** 。
Wǒ kànguo　Zhōngguó diànyǐng

韩剧
Hánjù

英国小说
Yīngguó xiǎoshuō

· 韩剧　Hánjù　몡 한국 드라마

❷ A 你 看 过 这部电影 吗?
　 Nǐ　kàn　guo　zhè bù diànyǐng　ma?

吃 烤鸭
chī kǎoyā

B 我(没) 看 过 这部电影 。
　 Wǒ (méi)　kàn　guo　zhè bù diànyǐng

吃 烤鸭
chī kǎoyā

❸ 我 看 过一 遍 。
　 Wǒ　kàn　guo yí　biàn

去 次
qù cì

吃 次
chī cì

💬 **다음을 중국어로 말해 보세요.**

· 저는 중국어를 배운 적이 있습니다.

· 당신은 중국 술을 마셔 본 적이 있습니까?

· 저는 베이징에서 한 번 먹어 본 적이 있습니다.

회화 익히기

➕ 다음 그림을 보고 〈보기〉와 같이 말해 보세요.

보기

A 你看过韩剧吗?
당신은 한국 드라마를 본 적 있나요?

B 我看过一遍。你呢?
한 번 본 적 있어요. 당신은요?

A 我没看过, 很想看这部电视剧。
난 본 적이 없어요. 이 드라마를 매우 보고 싶어요.

❶

A 你在全聚德吃过烤鸭吗?

B 我在全聚德＿＿＿＿＿＿＿。你呢?

A 我在全聚德＿＿＿＿＿＿, ＿＿＿＿＿＿＿＿＿。

❷

A 你去过颐和园吗?

B 我＿＿＿＿＿＿＿＿＿。你呢?

A 我＿＿＿＿＿＿＿, ＿＿＿＿＿＿＿＿＿＿。

❸

A 你在王府井买过衣服吗?

B 我在王府井＿＿＿＿＿＿＿。你呢?

A 我在王府井＿＿＿＿＿＿, ＿＿＿＿＿＿＿＿＿＿。

단어 　全聚德　Quánjùdé　고유 첸쥐더[유명한 오리구이 식당] ｜ 王府井　Wángfǔjǐng　고유 왕푸징[지명]

Track03-07

1 녹음을 듣고 질문에 알맞은 답을 고르세요.

① 姐姐吃过几次烤鸭?

    Ⓐ 一次   Ⓑ 两次   Ⓒ 三次   Ⓓ 没吃过

② 他们什么时候去吃烤鸭?

    Ⓐ 今天晚上   Ⓑ 明天晚上   Ⓒ 明天早上   Ⓓ 后天晚上

2 〈보기〉의 내용을 참고하여 경험을 묻는 대화를 연습해 보세요.

> 보기
>
> A 你看过这部电影吗?
>
> B 我还没看过，很想看。
>
> A 那我们找时间一起看吧。
>
> B 我当然好了。

①  去/香港

②  吃/烤鸭

③  学/法语

단어   香港 Xiānggǎng 고유 홍콩 | 法语 Fǎyǔ 명 프랑스어 | 火锅 huǒguō 명 훠궈[중국식 샤브샤브]

3 제시된 단어를 어순에 맞게 배열하여 문장을 만드세요.

❶ 过　我们　长城　两次　去

◦◦▸ _____ 。

❷ 在　过　火车　坐　他　中国

◦◦▸ _____ 。

❸ 没　我　骑　自行车　过

◦◦▸ _____ 。

4 제시된 표현을 사용하여 다음 문장을 중국어로 써보세요.

❶ 나는 중국에서 몇 번 본 적이 있습니다. (过, 遍)

◦◦▸ _____ 。

❷ 나는 훠궈(火锅)를 두 번 먹어 본 적이 있습니다. (过, 次)

◦◦▸ _____ 。

❸ 그는 중국어를 배운 적이 없습니다. (没, 过)

◦◦▸ _____ 。

❹ 내 중국 친구는 한국에 온 적이 없습니다. (没, 过)

◦◦▸ _____ 。

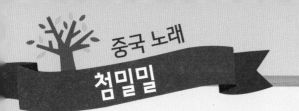
♥ 甜蜜蜜 ♥

Tiánmìmì

邓丽君
Dèng Lìjūn

甜蜜蜜　你笑得甜蜜蜜
tiánmìmì　nǐ xiào de tiánmìmì

好像花儿开在春风里　开在春风里
hǎoxiàng huār kāizài chūnfēng li　kāizài chūnfēng li

在哪里　在哪里见过你
zài nǎli　zài nǎli jiànguo nǐ

你的笑容这样熟悉　我一时想不起
nǐ de xiàoróng zhèyàng shúxī　wǒ yìshí xiǎng bu qǐ

啊　在梦里　梦里　梦里见过你
ā　zài mèng li　mèng li　mèng li jiànguo nǐ

甜蜜　笑得多甜蜜　是你　是你　梦见的就是你
tiánmì　xiào de duō tiánmì　shì nǐ　shì nǐ　mèngjiàn de jiù shì nǐ

在哪里　在哪里见过你
zài nǎli　zài nǎli jiànguo nǐ

你的笑容这样熟悉　我一时想不起
nǐ de xiàoróng zhèyàng shúxī　wǒ yìshí xiǎng bu qǐ

啊　在梦里
ā　zài mèng li

첨밀밀

등려군

달콤해요. 당신의 미소는 달콤해요.
마치 봄바람에 피어난 꽃과 같아요. 봄바람에 피어난.
어디에서 어디에서 당신을 보았죠?
당신의 웃는 얼굴 이렇게 낯익은데 잠시 생각이 나지 않아요.
아, 꿈에서 봤어요. 꿈에서 꿈에서 당신을 봤어요.
달콤한 너무도 달콤한 미소, 당신이었군요. 당신이네요. 꿈에서 본 것은 바로 당신이네요.
어디에서 어디에서 당신을 보았죠?
당신의 웃는 얼굴 이렇게 낯익은데 잠시 생각이 나지 않아요.
아, 꿈에서 봤어요.

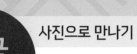

중국
문화

중국의 OTT 플랫폼

세계적으로 OTT 시장이 크게 성장하고 있습니다. 인터넷을 통해 드라마, 영화, 방송 프로그램 등 다양한 콘텐츠 서비스를 이용할 수 있지요. 중국의 인터넷 콘텐츠 시장 규모는 7,300억 위안 정도라고 하는데, 대표적인 OTT 플랫폼에 대해 알아볼까요?

아이치이(iQIYI) 爱奇艺 Àiqíyì

중국판 넷플릭스라고 불리는 아이치이는 2010년 바이두(百度 Bǎidù)의 투자를 받아 설립되었습니다. 2013년에 드라마 「별에서 온 그대」를 독점적으로 공급하면서 시장을 확대했지요. 처음에는 다시보기 서비스를 주로 제공하다가 2017년을 기점으로 자체 제작 콘텐츠 비중이 늘어났고 2019년부터는 국제판 서비스를 제공하고 있습니다.

텐센트 비디오(Tencent Video) 腾讯视频 Téngxùn Shìpín

텐센트 비디오는 QQ메신저, 위챗 등을 운영하고 있는 텐센트의 동영상 플랫폼으로 아이치이와 1, 2위를 다투고 있는 OTT입니다. 2018년에는 국제판 서비스 WeTV를 출시했습니다.

유쿠(Youku) 优酷 Yōukù

유쿠는 알리바바의 동영상 플랫폼으로 2003년에 개설되었습니다. 酷자는 '잔혹하다'라는 뜻이 아니라 영어 cool의 음역어로 '멋있다', '쿨하다'라는 뜻입니다.

이 외에 중국의 숏폼 동영상 플랫폼으로 틱톡(Tik Tok, 抖音 Dǒuyīn)이 있습니다. 다양하고 기발한 아이디어를 짧은 클립 영상으로 제작하여 공유하는 플랫폼으로 150여 개의 나라에서 75개 언어로 서비스되고 있습니다.

중국의 다양한 OTT 플랫폼

중국의 틱톡

CHAPTER

04

昨天我买了两条短裤。

Zuótiān wǒ mǎile liǎng tiáo duǎnkù.

어제 저는 반바지를 두 개 샀어요.

회화 쇼핑 관련 표현을 말할 수 있다
자신의 계획을 말할 수 있다

어법 能과 可以 / 어기조사 了(1) / 동태조사 了 / 打算

회화 ★ 1

	请问	qǐngwèn	동 말씀 좀 묻겠습니다
☐☐	可以	kěyǐ	조동 ~할 수 있다, ~해도 되다
☐☐	试穿	shìchuān	동 시험 삼아 입어 보다
☐☐	条	tiáo	양 (옷·강·길 등) 가늘고 긴 것을 세는 단위
☐☐	短裤	duǎnkù	명 반바지

➕ 长裤 chángkù 긴 바지 ┃ 裙子 qúnzi 치마 ┃ 大衣 dàyī 외투

	不过	búguò	접 그러나, 그런데
☐☐	别的	biéde	대 다른, 다른 것
☐☐	正	zhèng	부 마침, 딱, 꼭
☐☐	合适	héshì	형 적당하다, 적합하다, 어울리다
☐☐	行	xíng	형 괜찮다, 좋다
☐☐	不好意思	bù hǎoyìsi	부끄럽다, 쑥스럽다, 미안하다
☐☐	能	néng	조동 ~할 수 있다
☐☐	讲价	jiǎng jià	동 값을 흥정하다

회화 ★ 2

	已经	yǐjīng	부 이미, 벌써
☐☐	打算	dǎsuan	조동 ~할 계획이다, ~할 작정이다
☐☐	考试	kǎoshì	명 시험 동 시험을 보다

➕ 考 kǎo 시험을 치다

	复习	fùxí	동 복습하다

➕ 预习 yùxí 예습하다

참 쉬운 **회화**

Track 04-02

회화★1 백화점에서

大韩　请问，可以①试穿吗?
　　　Qǐngwèn, kěyǐ shìchuān ma?

售货员　可以。
　　　Kěyǐ.

大韩　这条短裤有点儿大，有小一点儿的吗?
　　　Zhè tiáo duǎnkù yǒudiǎnr dà, yǒu xiǎo yìdiǎnr de ma?

售货员　有是有，不过是别的颜色的。
　　　Yǒu shì yǒu, búguò shì biéde yánsè de.

大韩　正合适。便宜一点儿，行吗?
　　　Zhèng héshì. Piányi yìdiǎnr, xíng ma?

售货员　不好意思，我们这儿不能①讲价。
　　　Bù hǎoyìsi, wǒmen zhèr bù néng jiǎng jià.

A是A, 不过……

'A하기는 A한데, 그러나 ~하다'라는 의미로, 먼저 어떤 사실을 인정하거나 긍정한 후, 뒤에 다른 의견을 제시할 때 사용합니다.

想买是想买，不过我没有钱。 사고 싶기는 사고 싶은데, 저는 돈이 없어요.
Xiǎng mǎi shì xiǎng mǎi, búguò wǒ méiyǒu qián.

Track04-03

马克　周末我想去百货商店买衣服，你能跟我一起去吗？
　　　Zhōumò wǒ xiǎng qù bǎihuò shāngdiàn mǎi yīfu, nǐ néng gēn wǒ yìqǐ qù ma?

大韩　不好意思，昨天我已经去了②。
　　　Bù hǎoyìsi, zuótiān wǒ yǐjīng qù le.

马克　你买了③什么？
　　　Nǐ mǎile shénme?

大韩　我买了两条短裤。
　　　Wǒ mǎile liǎng tiáo duǎnkù.

马克　那么，这个周末你打算④干什么？
　　　Nàme, zhège zhōumò nǐ dǎsuan gàn shénme?

大韩　下个星期一有考试。我打算在图书馆复习。
　　　Xià ge xīngqīyī yǒu kǎoshì.　Wǒ dǎsuan zài túshūguǎn fùxí.

중국 속으로!

눈과 입이 즐거운 왕푸징으로 오세요!

우리나라의 명동에 해당하는 곳이 바로 베이징에 위치한 '왕푸징(王府井 Wángfǔjǐng)'이에요. 왕푸징은 베이징의 쇼핑 중심가로 거리마다 커다란 쇼핑 몰과 백화점들이 늘어서 있고, 중국의 전통 음식점으로 가득하죠. 특히 남북으로 약 1킬로미터에 이르는 도로가 차 없는 거리로 지정되어 쇼핑객들이 편안히 쇼핑할 수 있어요. 또한 양꼬치부터 전갈 꼬치까지 베이징의 명물인 각종 꼬치도 맛볼 수 있어 눈과 입이 즐거운 곳이랍니다.

1 能과 可以

❶ 조동사 能은 '~할 수 있다'라는 뜻으로 가능성이나 능력을 나타냅니다. 能의 부정형은 '~할 수 없다'라는 뜻의 不能입니다.

明天你能来吗?　　　　　　　내일 당신은 올 수 있습니까?
Míngtiān nǐ néng lái ma?

明天很忙，我不能来。　　　　내일 바빠서, 저는 올 수 없습니다.
Míngtiān hěn máng, wǒ bù néng lái.

❷ 조동사 可以는 '~해도 좋다'라는 뜻으로 조건이나 도리상의 허가를 나타냅니다. 부정형은 주로 不能을 사용합니다.

A　我可以进去吗?　　　　　　제가 들어가도 되나요?
　　Wǒ kěyǐ jìnqu ma?

B　可以进去。　　　　　　　　들어가도 됩니다.
　　Kěyǐ jìnqu.

☑ 바로바로체크　　다음 문장을 바르게 고치세요.

① 我明天不可以给你打电话。　⟹ _____

② 我明天不忙，会见朋友。　　⟹ _____

---

2 어기조사 了(1)

了가 어기조사로 쓰일 때는 문장 끝에 놓여 어떤 동작이나 상황이 이미 발생하였음을 나타내고, 문장을 끝맺는 역할을 합니다.

他回家了。　　　　　　　　　그는 집으로 돌아갔습니다.
Tā huí jiā le.

我吃饭了。　　　　　　　　　나는 밥을 먹었습니다.
Wǒ chī fàn le.

바로바로 체크 다음 사진을 보고 질문에 답해 보세요.

①

A 周末你见朋友了吗?

B _____。

②

A 昨天你去看电影了吗?

B _____。

3 동태조사 了

了가 동태조사로 쓰일 때는 동사 뒤에 놓여 동작의 완성 또는 실현을 나타냅니다.

■ 긍정문

> 동사 + 了 : ~했습니다(동작의 완성. 실현)

他喝了一瓶啤酒。
Tā hēle yì píng píjiǔ.

그는 맥주 한 병을 마셨습니다.

我吃了很多菜。
Wǒ chīle hěn duō cài.

저는 많은 음식을 먹었습니다.

■ 부정문

> 没(有) + 동사(了를 붙이지 않음) : ~하지 않았습니다

他没出去，在家呢。
Tā méi chūqu, zài jiā ne.

그는 나가지 않았고, 집에 있습니다.

他没来公司了。(×)

■ 의문문

> 동사 + 了 + 吗? : ~했습니까?
> 동사 + 了 + 没有? : ~했습니까, 하지 않았습니까?

你看了很多书吗?　　　　　당신은 많은 책을 봤나요?
Nǐ kànle hěn duō shū ma?

你看了很多书没有?　　　　당신은 많은 책을 봤나요, 안 봤나요?
Nǐ kànle hěn duō shū méiyǒu?

TIP

우리말로 '~했다'고 해석되기 때문에 과거 시제에만 사용된다고 생각하기 쉬우나, 완성과 실현을 나타내는 了는 과거, 현재, 미래에 모두 사용할 수 있습니다.

☑ **바로바로 체크**　　了가 들어갈 알맞은 위치를 고르세요.

① 我　A　吃　B　两碗饭　C　。

② 我去　A　百货商店买　B　两件衣服　C　。

4 打算

동사 앞에 놓여 '~할 계획이다', '~할 작정이다'라는 의미로 사용됩니다.

这个星期六我们打算去天安门。　　　이번 주 토요일에 우리는 톈안먼에 갈 계획입니다.
Zhège xīngqīliù wǒmen dǎsuan qù Tiān'ānmén.

明年你打算干什么?　　　　　　　내년에 당신은 무엇을 할 계획입니까?
Míngnián nǐ dǎsuan gàn shénme?

☑ **바로바로 체크**　　다음 문장을 중국어로 써보세요.

① 这个周末我_____。
　　　　　　판다를 보러 동물원에 갈 계획이에요

② 明年我_____。
　　　　　　중국어를 배우러 중국에 갈 계획이에요

쇼핑 이야기

Track04-04

最近天气比较热， 大韩想买几件衣服。 昨天他去百货
Zuìjìn tiānqì bǐjiào rè,　　Dàhán xiǎng mǎi jǐ jiàn yīfu.　Zuótiān tā qù bǎihuò

商店买了两条短裤。
shāngdiàn mǎile liǎng tiáo duǎnkù.

今天马克问大韩想不想周末一起去百货商店。很可惜，
Jīntiān Mǎkè wèn Dàhán xiǎng bu xiǎng zhōumò yìqǐ qù bǎihuò shāngdiàn. Hěn kěxī,

大韩不能去。 因为下个星期一有考试， 所以他打算在图书馆
Dàhán bù néng qù.　Yīnwèi xià ge xīngqīyī yǒu kǎoshì,　suǒyǐ tā dǎsuan zài túshūguǎn

复习。
fùxí.

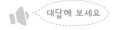
대답해 보세요

① 昨天大韩去百货商店买了什么?
② 这个周末大韩打算干什么?

- 最近 zuìjìn 명 최근, 요즘
- 比较 bǐjiào 부 비교적
- 热 rè 형 덥다
- 问 wèn 동 묻다, 질문하다
- 可惜 kěxī 형 안타깝다, 애석하다
- 因为 yīnwèi 접 왜냐하면, ~이기 때문에
  [주로 '因为A, 所以B' 형식으로 쓰임]

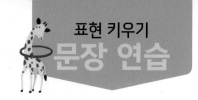

Track04-05

➕ 제시된 표현을 자연스럽게 따라 읽으며 중국어 문장을 익혀 보세요.

❶ 不好意思， 昨天我已经 **去** 了。
Bù hǎoyìsi, zuótiān wǒ yǐjīng qù le.

买
mǎi

吃
chī

❷ A 你 **吃饭** 了吗?
Nǐ chī fàn le ma?

下课
xià kè

B 我还没 **吃** 。 / 我已经 **吃** 了。
Wǒ hái méi chī . Wǒ yǐjīng chī le.

下课
xià kè

下课
xià kè

❸ 我明年打算去 北京学汉语 。
Wǒ míngnián dǎsuan qù Běijīng xué Hànyǔ .

英国学英语
Yīngguó xué Yīngyǔ

上海上大学
Shànghǎi shàng dàxué

💬 **다음을 중국어로 말해 보세요.**

· 죄송하지만, 어제 저는 이미 봤습니다.

· 저희 아빠는 아직 퇴근을 안 하셨습니다.

· 저는 내년에 대만(台湾 Táiwān)으로 놀러 갈 계획입니다.

그림 보고 말하기
회화 익히기

Track04-06

➕ 다음 그림을 보고 〈보기〉와 같이 말해 보세요.

보기

이번 주 주말

大韩打算<u>这个周末跟朋友去颐和园玩儿</u>。
대한이는 이번 주말에 친구와 이허위안에 놀러 갈 계획입니다.

❶

安娜打算_____。

❷

马克打算_____。

❸

小美打算_____。

Track04-07

1 녹음을 듣고 질문에 알맞은 답을 고르세요.

❶ 男的在买什么?

   Ⓐ 帽子　　　　　Ⓑ 裤子　　　　　Ⓒ 毛衣　　　　　Ⓓ 裙子

❷ 这件毛衣多少钱?

   Ⓐ 380　　　　　Ⓑ 308　　　　　Ⓒ 388　　　　　Ⓓ 338

2 〈보기〉의 내용을 참고하여 쇼핑에 관한 대화를 연습해 보세요.

> 보기　A 请问, 可以试穿吗?
>
> 　　　B 可以。
>
> 　　　A 这条短裤有点儿大, 有小一点儿的吗?
>
> 　　　B 有, 那您再试试这条。
>
> 　　　A 正合适。多少钱一条?
>
> 　　　B 一百二。

❶

❷

3 다음 〈보기〉 중에서 빈칸에 들어갈 알맞은 단어를 고르세요.

> 보기   了   过

❶ 昨天我买_____一件衣服。

❷ 他在中国没学_____汉语。

❸ 我不知道他去哪儿_____。

4 제시된 표현을 사용하여 다음 문장을 중국어로 써보세요.

❶ 오늘 아침에 우유(牛奶)를 한 잔 마셨어요. (了)

⇢ _____。

❷ 지금 제가 들어가도 될까요? (可以)

⇢ _____?

❸ 오늘은 무척 바빠서, 저는 갈 수 없어요. (因为……所以……, 能)

⇢ _____。

❹ 당신은 어디에서 핸드폰을 살 계획입니까? (打算)

⇢ _____?

단어   再 zài 閉다시, 또 | 知道 zhīdào 통알다, 이해하다 | 牛奶 niúnǎi 명우유

Track 04-08

T恤衫
T xùshān
티셔츠

牛仔裤
niúzǎikù
청바지

手提包
shǒutíbāo
핸드백

墨镜
mòjìng
선글라스

短袖
duǎnxiù
반소매

凉鞋
liángxié
샌들

领带
lǐngdài
넥타이

西装
xīzhuāng
양복

皮鞋
píxié
구두

围巾
wéijīn
목도리

手套
shǒutào
장갑

大衣
dàyī
외투

중국
문화

중국의 의상
치파오, 중산복

중국의 대표적인 의상으로 긴 원피스와 비슷한 치파오(旗袍 qípáo)가 있습니다. 원래 청나라 만주족의 기인(旗人 Qírén)이 입던 옷에서 유래되었는데, 치파오는 옷깃이 둥그스름하고 다리 옆 부분이 터져 있어 실용성이 높고 각선미를 부각시킬 수 있습니다. 치파오는 중국인들이 좋아하는 빨간색뿐만 아니라 다양한 색깔이 있고, 치마와 소매 길이가 다양합니다. 예전에는 남녀 의상 모두를 일컫는 말이었지만, 이제는 여성의 옷만을 지칭하게 되었습니다.

중국에서 남자들은 인민복이라고도 불리는 중산복(中山裝 zhōngshānzhuāng)을 입습니다. 중산복은 1912년 신해혁명(辛亥革命 Xīnhài Gémìng)이 성공한 후 임시 총통으로 선출된 손중산(孙中山 Sūn Zhōngshān)이 실용성을 높여 만든 옷입니다. 중산복에는 네 개의 주머니가 있는데, 이는 예(禮), 의(義), 염(廉), 치(恥)를 상징합니다. 다섯 개의 단추는 입법, 사법, 행정, 감찰, 고시의 오권 분립을, 소매의 단추는 민생, 민주, 민족의 삼민주의(三民主义 sānmín zhǔyì)를 의미합니다.

전통 의상을 입은 중국 가족

중산복(中山裝)

我肚子疼得很厉害。

Wǒ dùzi téng de hěn lìhai.

저는 배가 너무 아파요.

학습 미션

회화 병원에서 쓰는 표현을 말할 수 있다
자신의 건강 상태를 말할 수 있다

어법 从 / 정도보어 / 동사 중첩

Track05-01

회화 ★ 1

☐☐	舒服	shūfu	형 편안하다, 쾌적하다, 안락하다

➕ 不舒服 bù shūfu (몸이) 아프다, 불편하다

☐☐	肚子	dùzi	명 배

➕ 手 shǒu 손 | 脚 jiǎo 발 | 腰 yāo 허리

☐☐	疼	téng	형 아프다
☐☐	从	cóng	개 ~부터, ~에서
☐☐	开始	kāishǐ	동 시작하다, 개시하다
☐☐	得	de	조 동사나 형용사 뒤에 쓰여 결과나 정도를 나타내는 보어와 연결시키는 조사
☐☐	更	gèng	부 훨씬, 더욱
☐☐	厉害	lìhai	형 심하다, 지독하다
☐☐	饺子	jiǎozi	명 (물)만두
☐☐	包	bāo	동 만두를 빚다

회화 ★ 2

☐☐	但是	dànshì	접 그러나, 그렇지만
☐☐	头	tóu	명 머리
☐☐	再	zài	부 다시, 또
☐☐	不用	búyòng	부 ~할 필요 없다
☐☐	药	yào	명 약
☐☐	……就行了	……jiù xíng le	~하면 되다
☐☐	躺	tǎng	동 눕다
☐☐	药店	yàodiàn	명 약국
☐☐	麻烦	máfan	형 귀찮다, 번거롭다 동 귀찮게 하다, 폐를 끼치다

회화 ★1 병원에서 진찰 받기

Track05-02

大夫 你哪儿不舒服?
　　Nǐ nǎr bù shūfu?

大韩 我肚子疼。
　　Wǒ dùzi téng.

大夫 从❶什么时候开始肚子疼的?
　　Cóng shénme shíhou kāishǐ dùzi téng de?

大韩 昨天晚上开始。现在疼得更厉害❷。
　　Zuótiān wǎnshang kāishǐ. Xiànzài téng de gèng lìhai.

大夫 你昨天吃得太多了,是不是?
　　Nǐ zuótiān chī de tài duō le, shì bu shì?

大韩 因为老师的饺子包得很好吃,我吃了三碗。
　　Yīnwèi lǎoshī de jiǎozi bāo de hěn hǎochī, wǒ chīle sān wǎn.

Track05-03

회화★2 건강 상태에 관해

小美 你怎么样了?
Nǐ zěnmeyàng le?

大韩 肚子好多了。但是头疼得有点儿厉害。
Dùzi hǎoduō le.　　Dànshì tóu téng de yǒudiǎnr lìhai.

小美 要不要再去医院看看❸?
Yào bu yào zài qù yīyuàn kànkan?

大韩 不用了。吃药就行了。
Búyòng le.　Chī yào jiù xíng le.

小美 你躺在床上休息吧。我去药店给你买药。
Nǐ tǎngzài chuáng shang xiūxi ba. Wǒ qù yàodiàn gěi nǐ mǎi yào.

大韩 太麻烦你了。
Tài máfan nǐ le.

중국 속으로!

중국의 병원 등급을 알아봐요!

중국의 병원은 우리나라의 종합병원에 해당하는 综合医院(zōnghé yīyuàn), 치과, 산부인과 등 특정 진료 부문만 치료하는 专科医院(zhuānkē yīyuàn), 소규모의 개인 병원에 해당하는 诊所(zhěnsuǒ)로 나뉘어요. 종합병원은 다시 크게 '3급 10등'으로 나뉘는데, 우선 1급 병원, 2급 병원, 3급 병원으로 나누고 다시 1급과 2급 병원은 각각 갑, 을, 병 그리고 3급 병원은 특, 갑, 을, 병으로 나뉘지요. 3급 병원이 가장 규모도 크고 높은 수준의 의료 서비스를 제공해요.

1 从

从은 '~부터', '~에서'의 뜻으로 장소 또는 시간의 출발점을 나타냅니다. 到(dào ~까지)와 함께 '从……到……' 형태로 쓰여 '~에서 ~까지'라는 뜻을 나타냅니다.

我妈妈从法国来。　　　　　　저희 엄마는 프랑스에서 옵니다.
Wǒ māma cóng Fǎguó lái.

请问，从这儿到邮局远吗？　　말씀 좀 묻겠습니다. 여기에서 우체국까지 먼가요?
Qǐngwèn, cóng zhèr dào yóujú yuǎn ma?

☑ 바로바로 체크　　다음 그림을 보고 질문에 답해 보세요.

①

A 他从几点到几点工作?

B ＿＿＿＿＿＿＿＿＿＿＿。

②

1시간 30분

A 从家到公司远不远?

B ＿＿＿＿＿＿＿＿＿＿＿。

---

2 정도보어

정도보어는 동사나 형용사 뒤에 놓여 동작이나 상태의 정도가 어떠한지를 나타냅니다. 동사, 형용사와 정도보어 사이에는 得를 써야 합니다.

■ 기본 형식

> 동사/형용사 + 得 + 정도보어

你说得很快。　　　　　당신은 말이 빨라요.
Nǐ shuō de hěn kuài.

她唱得很好。　　　　　그녀는 (노래를) 잘 불러요.
Tā chàng de hěn hǎo.

목적어를 가진 동사인 경우에는 뒤에 동사를 반복한 뒤 정도보어를 씁니다. 이때 앞의 동사는 생략할 수 있습니다.

> (동사) + 목적어 + 동사 + 得 + 정도보어

他(说)汉语说得很好。   그는 중국어를 아주 잘합니다.
Tā (shuō) Hànyǔ shuō de hěn hǎo.

她(做)菜做得很好吃。   그녀는 요리를 아주 맛있게 만듭니다.
Tā (zuò) cài zuò de hěn hǎochī.

■ 부정문

> (동사) + 목적어 + 동사 + 得 + 不/不太 + 정도보어

他(打)篮球打得不好。   그는 농구를 못합니다.
Tā (dǎ) lánqiú dǎ de bù hǎo.

我妈妈(开)车开得不太好。   저희 엄마는 운전을 잘 못합니다.
Wǒ māma (kāi) chē kāi de bú tài hǎo.

■ 의문문

> (동사) + 목적어 + 동사 + 得 + 정도보어 + 吗?
> (동사) + 목적어 + 동사 + 得 + 정도보어 + 不 + 정도보어?

他(踢)足球踢得好吗?   그는 축구를 잘합니까?
Tā (tī) zúqiú tī de hǎo ma?

他(跑)步跑得快不快?   그는 달리기가 빠릅니까, 빠르지 않습니까?
Tā (pǎo) bù pǎo de kuài bu kuài?

단어   开 kāi 통 운전하다, 조정하다 ┃ 踢 tī 통 (발로) 차다 ┃ 足球 zúqiú 명 축구

得가 들어갈 알맞은 위치를 고르세요.

① 我 A 游泳 B 游 C 非常 D 快。

② 你 A 汉字 B 写 C 很 D 漂亮。

3 동사 중첩

중국어에서 일부 동사는 중첩하여 사용할 수 있습니다. 동사를 중첩할 경우, 시간이 짧고 동작이 가볍거나 자연스러움을 나타내어 '좀 ~하다'라는 의미가 됩니다. 단음절 동사는 'AA, A一A', 이음절 동사는 'ABAB' 형식으로 중첩됩니다.

你看看这本书。　　　　　당신은 이 책을 좀 보세요. (단음절 동사 중첩)
Nǐ kànkan zhè běn shū.

我想休息休息。　　　　　저는 좀 쉬고 싶어요. (이음절 동사 중첩)
Wǒ xiǎng xiūxi xiūxi.

✓ 바로바로 체크　다음 동사의 중첩형을 써보세요.

① 介绍 ⇨ _____　② 玩儿 ⇨ _____

③ 学习 ⇨ _____　④ 想 ⇨ _____

단어 汉字 Hànzì 명 한자

참 쉬운 **이야기**

중국 병원에 가다

Track 05-04

昨天晚上，老师包了很多饺子。饺子包得特别好吃，大韩
Zuótiān wǎnshang, lǎoshī bāole hěn duō jiǎozi. Jiǎozi bāo de tèbié hǎochī, Dàhán

吃了很多。
chīle hěn duō.

从昨晚九点开始，大韩肚子疼。现在大韩肚子疼得更
Cóng zuówǎn jiǔ diǎn kāishǐ, Dàhán dùzi téng. Xiànzài Dàhán dùzi téng de gèng

厉害。所以他去医院看大夫。大夫问大韩是不是吃得太多了。
lìhai.　　Suǒyǐ tā qù yīyuàn kàn dàifu.　Dàifu wèn Dàhán shì bu shì chī de tài duō le.

大韩告诉大夫老师包的饺子太好吃了，所以一下子吃了三
Dàhán gàosu dàifu lǎoshī bāo de jiǎozi tài hǎochī le,　　suǒyǐ yíxiàzi chīle sān

碗。
wǎn.

 대답해 보세요

① 什么时候开始大韩肚子疼?
② 大韩觉得老师包的饺子怎么样?

・昨晚 zuówǎn 몡 어제저녁
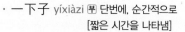
・一下子 yíxiàzi 뷔 단번에, 순간적으로
[짧은 시간을 나타냄]

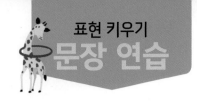

Track 05-05

➕ 제시된 표현을 자연스럽게 따라 읽으며 중국어 문장을 익혀 보세요.

1 从昨天开始
Cóng zuótiān kāishǐ

学汉语
xué Hànyǔ
。
.

工作
gōngzuò

开车
kāi chē

2 今天
Jīntiān

疼
téng

得很
de hěn

厉害
lìhai
。
.

吃
chī

多
duō

玩儿
wánr

高兴
gāoxìng

3 A 她
Tā

(说)汉语说
(shuō) Hànyǔ shuō

得
de

好不好
hǎo bu hǎo
？
?

(开)车开
(kāi) chē kāi

怎么样
zěnmeyàng

B 她
Tā

(说)汉语说
(shuō) Hànyǔ shuō

得很
de hěn

好
hǎo
。
.

(开)车开
(kāi) chē kāi

慢
màn

· 慢 màn 형 느리다

💬 다음을 중국어로 말해 보세요.

· 어제부터 눈이 내리기(下雪 xià xuě) 시작했습니다.

· 선생님은 중국어를 천천히 말합니다.

· 저는 자전거를 빨리 탑니다(骑 qí).

Track05-06

➕ 다음 그림을 보고 〈보기〉와 같이 문장을 만들어 보세요.

他们骑自行车骑得怎么样?
그들은 자전거를 타는 것이 어떻습니까?

➡ <u>大韩骑自行车骑得很快</u>。
대한이는 자전거를 빨리 탑니다.

➡ <u>但是马克骑自行车骑得很慢</u>。
하지만 마크는 자전거를 천천히 탑니다.

❶

他们做菜做得怎么样?

➡ 小美_____。

➡ 但是大韩_____。

❷

他们游泳游得怎么样?

➡ 马克_____。

➡ 但是大韩_____。

❸

他们说汉语说得怎么样?

➡ 安娜_____。

➡ 但是大韩_____。

Track05-07

1 녹음을 듣고 질문에 알맞은 답을 고르세요.

❶ 男的周末过得怎么样?

　Ⓐ 很好　　　　Ⓑ 太好了　　　Ⓒ 非常好　　　Ⓓ 不太好

❷ 他为什么睡得不好?

　Ⓐ 吃得很多　　Ⓑ 吃得不好　　Ⓒ 头疼　　　　Ⓓ 肚子疼

2 〈보기〉의 내용을 참고하여 건강 상태에 관한 대화를 연습해 보세요.

> 보기
> A 你哪儿不舒服?
> B 我肚子疼。
> A 从什么时候开始肚子疼的?
> B 昨天晚上开始。

증상	头疼	牙疼	发烧
시기	今天早上	星期一	昨天下午

3 밑줄 친 부분을 어순에 맞게 배열하여 문장을 만드세요.

❶ A 你哪儿不舒服? 昨天晚上 <u>睡得　睡觉　很晚　吧</u>?

　　B 不, 昨天晚上 <u>很多　吃　我　得</u>。现在肚子疼。

❷ A 你休息得怎么样?

　　B <u>我　不好　得　休息</u>。

❸ A 你们 <u>好吗　在　中国　得　过</u>?

　　B 我们在中国过得很有意思。

4 제시된 표현을 사용하여 다음 문장을 중국어로 써보세요.

❶ 당신 할아버지는 어디(哪儿)가 불편하세요?

┅➡ _____?

❷ 저는 영어를 그다지 잘하지 못합니다. (得)

┅➡ _____。

❸ 이 신발을 좀 보세요. (看看)

┅➡ _____。

❹ 어제부터 수영을 배우기 시작했습니다. (从, 开始)

┅➡ _____。

단어 过 guò 통 지내다 l 牙 yá 명 이, 치아 l 发烧 fā shāo 통 열이 나다 l 晚 wǎn 형 늦다

流鼻涕 liú bítì
콧물이 나다

咳嗽 késou
기침하다

量体温 liáng tǐwēn
체온을 재다

打针 dǎ zhēn
주사를 맞다

感冒 gǎnmào
감기에 걸리다

住院 zhù yuàn
입원하다

중국의 병원

중국의 병원

중국 종합병원에서는 접수할 때 일반 진료(普通号 pǔtōng hào)와 특진(专家号 zhuānjiā hào) 중 한 가지를 선택해야 합니다. 일반 진료는 레지던트나 경험이 적은 초보 의사가 진료를 하고, 특진의 경우 경험이 많은 의사가 진료를 하기 때문에 진료비가 일반 진료에 비해 비쌉니다.

중국 병원에서 진료를 받으려면 먼저 접수를 해야 합니다. 우리는 병원에서 접수할 때 개인 정보를 적기만 하면 되지만 중국 병원에서는 개인 정보 작성 외에 병원 카드를 만들어야 합니다. 병원 카드에 개인 번호가 부여되는데, 해당 병원 위챗에 들어가서 카드 번호와 인적 사항을 입력하면 자신의 예약 정보, 결제, 의료 기록도 볼 수 있습니다.

중국의 병원은 치료 전에 진료비를 먼저 납부해야 합니다. 진료 후 필요한 검사가 더 있으면 다시 비용을 납부해야만 추가 검사를 받을 수 있습니다. 접수비를 받기도 하는데, 병원마다 가격은 다릅니다. 진료를 받고 나서 의사가 처방전을 주면 처방전을 가지고 약 받는 곳에 가서 결제하고 약을 받으면 됩니다.

병원 접수처(挂号室)

특진 중인 의사 선생님

CHAPTER

06

我正在打太极拳。

Wǒ zhèngzài dǎ tàijíquán.

저는 태극권을 하고 있어요.

회화★1

门	mén	명 문

＋ 门口 ménkǒu 입구

开	kāi	통 열다, (텔레비전·전등 등을) 켜다

＋ 关 guān 닫다, 끄다

着	zhe	조 동작의 진행과 상태를 나타내는 동태조사

(正)在	(zhèng)zài	부 마침 ～하고 있는 중이다, ～하고 있다

每	měi	대 각, ～마다

＋ 每天 měi tiān 매일 ｜ 每星期 měi xīngqī 매주 ｜
每年 měi nián 매년

表演	biǎoyǎn	명 공연 통 공연하다, 상연하다
没问题	méi wèntí	문제없다, 좋다

회화★2

一边……, 一边……	yìbiān……, yìbiān……	한편으로 ～하면서 한편으로 ～하다
古典音乐	gǔdiǎn yīnyuè	명 고전 음악
流行音乐	liúxíng yīnyuè	명 대중음악, 유행 음악
年轻人	niánqīngrén	명 젊은이, 젊은 사람
有的	yǒude	대 어떤 사람, 어떤 것

Track06-02

회화 ★1 취미 생활1

大韩 门怎么开着❶？你在干什么呢❷？
Mén zěnme kāizhe?　Nǐ zài gàn shénme ne?

露西 我正在打太极拳。
Wǒ zhèngzài dǎ tàijíquán.

大韩 你学过太极拳吗?
Nǐ xuéguo tàijíquán ma?

露西 没学过，我正在学。每星期学三次。
Méi xuéguo, wǒ zhèngzài xué. Měi xīngqī xué sān cì.

大韩 表演一下，我看看。
Biǎoyǎn yíxià, wǒ kànkan.

露西 没问题。那，现在开始。
Méi wèntí.　Nà, xiànzài kāishǐ.

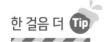
한 걸음 더 Tip

一次也没……(过)

'한 번도 ~한 적이 없다'라는 의미로, 완전 부정을 나타냅니다.

我一次也没去过上海。 저는 한 번도 상하이에 가본 적이 없어요.
Wǒ yí cì yě méi qùguo Shànghǎi.

회화 ★ 2 　취미 생활2

大韩　**你做什么呢?**
Nǐ zuò shénme ne?

小美　**一边做作业，一边❸听音乐。**
Yìbiān zuò zuòyè, yìbiān tīng yīnyuè.

大韩　**你听的是古典音乐还是流行音乐?**
Nǐ tīng de shì gǔdiǎn yīnyuè háishi liúxíng yīnyuè?

小美　**流行音乐。我喜欢听中国的流行音乐。**
Liúxíng yīnyuè.　Wǒ xǐhuan tīng Zhōngguó de liúxíng yīnyuè.

大韩　**听说最近中国年轻人喜欢听韩国音乐，你呢?**
Tīngshuō zuìjìn Zhōngguó niánqīngrén xǐhuan tīng Hánguó yīnyuè, nǐ ne?

小美　**有的人喜欢，有的人不喜欢。我呢，一次也没听过。**
Yǒude rén xǐhuan, yǒude rén bù xǐhuan.　　Wǒ ne, yí cì yě méi tīngguo.

중국 속으로!

태극권으로 아침을 시작해요!

중국에서는 아침에 많은 사람들이 광장으로 나와 태극권을 연습하는 모습을 볼 수 있어요. 태극권은 몸과 마음을 수양하는 데 좋은 무술이라고 하여 오늘날까지 중국인들에게 인기가 많아요. 동작 하나하나가 천천히 이어지는 것을 보면 꼭 멋진 춤을 추고 있는 것처럼 보이죠. 여러분들도 태극권을 하며 여유로운 아침을 맞이해 보세요.

1 着

동태조사 着는 동사 뒤에 놓여 동사의 동작이나 상태가 지속됨을 나타냅니다. 부정은 '没+동사+着' 형식을 씁니다.

> 동사 + 着 : ~한 채로 있습니다

门开着，电视也开着。　　　　문이 열려 있고, 텔레비전도 켜져 있습니다.
Mén kāizhe, diànshì yě kāizhe.

学生坐着，老师站着。　　　　학생은 앉아 있고, 선생님은 서계십니다.
Xuésheng zuòzhe, lǎoshī zhànzhe.

☑ 바로바로 체크　　다음 문장을 바르게 고치세요.

① 他今天在穿红色的衣服。　　⇨ _____

② 我的书上不写着我的名字。　⇨ _____

---

2 正在……呢

正在, 在, 正이 동사 앞에 쓰이면 동작이 현재 진행되고 있음을 나타냅니다. 이때 문장 끝에 어기조사 呢를 붙이기도 합니다. 正在, 在, 正 없이 문장 끝에 呢만 써도 현재 진행의 의미를 나타냅니다.

■ 기본 형식

> 正在/在/正 + 동사 + (呢)　　: ~하고 있는 중입니다
> ……呢

我们正在上课。　　　　우리는 수업 중입니다.
Wǒmen zhèngzài shàng kè.

他在吃饭呢。　　　　그는 밥을 먹는 중입니다.
Tā zài chī fàn ne.

奶奶看电视呢。　　　　　　　할머니는 텔레비전을 보고 계시는 중입니다.
Nǎinai kàn diànshì ne.

■ 부정문

> 没(有) + 在 + 동사 + (呢) : ~하고 있지 않습니다

大韩没在玩儿电脑，他在看书。　　　대한이는 컴퓨터를 하지 않고, 책을 보고 있습니다.
Dàhán méi zài wánr diànnǎo, tā zài kàn shū.

☑ 바로바로 체크　다음 사진을 보고 질문에 답해 보세요.

①

A　你在上班吗?

B ＿＿＿＿＿＿＿＿＿。

②

A　你在干什么呢?

B ＿＿＿＿＿＿＿＿＿。

단어 站 zhàn 图 서다 ┃ 穿 chuān 图 (옷·신발 등을) 입다, 신다 ┃ 玩游戏 wán yóuxì 게임하다

3 一边……, 一边……

'~하면서 ~하다'라는 의미로, 두 가지 이상의 동작이 동시에 진행되는 것을 나타냅니다.

她一边吃饭，一边看电视。　　　그녀는 밥을 먹으며 텔레비전을 봅니다.
Tā yìbiān chī fàn, yìbiān kàn diànshì.

他们一边喝咖啡，一边看电影。　그들은 커피를 마시며 영화를 봅니다.
Tāmen yìbiān hē kāfēi, yìbiān kàn diànyǐng.

> **TIP**
>
> '又……又……'와 '一边……, 一边……'의 차이점
>
> '又……又……'는 '~하기도 하고 ~하기도 하다'라는 의미로, 두 가지 동작이나 성질이 모두 존재함을
> 나타냅니다. 반면 '一边……, 一边……'은 '~하면서 ~하다'라는 의미로, 두 가지 이상의 동작이 같은
> 장소에서 동시에 진행됨을 나타냅니다.
>
> 我又学汉语又学英语。 저는 중국어도 배우고 영어도 배웁니다.
> Wǒ yòu xué Hànyǔ yòu xué Yīngyǔ.
>
> 我一边吃面包，一边喝牛奶。 저는 빵을 먹으면서 우유를 마십니다.
> Wǒ yìbiān chī miànbāo, yìbiān hē niúnǎi.
> ❖ 빵 먹는 동작과 우유를 마시는 동작이 동시에 진행됨

☑ 바로바로 체크　다음 문장을 활용하여 '一边……, 一边……' 형식으로 만드세요.

① 我吃三明治。/ 我喝咖啡。　　⇨ _____

② 他弹钢琴。/ 他唱歌。　　　　⇨ _____

단어　面包 miànbāo 명 빵

태극권을 배우다

Track 06-04

太极拳是中国的传统武术。每天早晨很多老人都去
Tàijíquán shì Zhōngguó de chuántǒng wǔshù. Měi tiān zǎochen hěn duō lǎorén dōu qù

公园打太极拳。
gōngyuán dǎ tàijíquán.

露西听说打太极拳对身体很好。所以最近她在学打
Lùxī tīngshuō dǎ tàijíquán duì shēntǐ hěn hǎo. Suǒyǐ zuìjìn tā zài xué dǎ

太极拳。每星期学三次。上课以前，王老师先教他们打
tàijíquán. Měi xīngqī xué sān cì. Shàng kè yǐqián, Wáng lǎoshī xiān jiāo tāmen dǎ

太极拳。现在露西打太极拳打得不太好，可是安娜打得很好。
tàijíquán. Xiànzài Lùxī dǎ tàijíquán dǎ de bú tài hǎo, kěshì Ānnà dǎ de hěn hǎo.

 대답해 보세요

① 露西为什么学打太极拳?
② 露西现在太极拳打得怎么样?

· 传统武术 chuántǒng wǔshù
　　명 전통 무술
· 早晨 zǎochen 명 이른 아침, 새벽
· 老人 lǎorén 명 노인
· 公园 gōngyuán 명 공원
· 对 duì 개 ~에 대해서
· 以前 yǐqián 명 이전, 예전
· 先 xiān 부 먼저

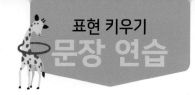

Track06-05

➕ 제시된 표현을 자연스럽게 따라 읽으며 중국어 문장을 익혀 보세요.

1 学生　坐　着，老师　站　着。
Xuésheng　zuò　zhe,　lǎoshī　zhàn　zhe.

听　　　　　说
tīng　　　　shuō

看　　　　　写
kàn　　　　xiě

2 我正在　打太极拳　呢。
Wǒ zhèngzài　dǎ tàijíquán　ne.

学汉语
xué Hànyǔ

玩儿电脑
wánr diànnǎo

3 一边　做作业　，一边　听音乐　。
Yìbiān　zuò zuòyè　，yìbiān　tīng yīnyuè　.

喝可乐　　　　吃汉堡包
hē kělè　　　　chī hànbǎobāo

唱歌　　　　　跳舞
chàng gē　　　　tiào wǔ

💬 **다음을 중국어로 말해 보세요.**

· 당신은 듣고 계세요, 제가 노래를 부를게요(来 lái).

· 엄마는 텔레비전을 보고 계십니다.

· 그녀는 노래를 부르면서 설거지를 합니다.

Track06-06

➕ 다음 그림을 보고 〈보기〉와 같이 문장을 만들어 보세요.

> **보기** 大韩一边<u>听音乐</u>, 一边<u>玩儿电脑</u>。
> 대한이는 음악을 들으면서, 컴퓨터를 합니다.

❶ 安娜一边_____, 一边_____。

❷ 马克一边_____, 一边_____。

❸ 小美一边_____, 一边_____。

❹ 露西一边_____, 一边_____。

단어 聊天 liáo tiān ⑧ 한담하다, 잡담하다 ┃ 走路 zǒu lù ⑧ 길을 걷다, 길을 가다

Track06-07

1 녹음을 듣고 질문에 알맞은 답을 고르세요.

❶ 男的在干什么?

　　Ⓐ 睡觉　　　　Ⓑ 吃饭　　　　Ⓒ 洗澡　　　　Ⓓ 做作业

❷ 他姐姐在干什么?

　　Ⓐ 洗澡　　　　Ⓑ 洗衣服　　　　Ⓒ 洗碗　　　　Ⓓ 做饭

2 〈보기〉의 내용을 참고하여 취미에 관한 대화를 연습해 보세요.

> 보기　A 你在干什么呢?
>
> 　　　B 我正在打太极拳。
>
> 　　　A 你学过太极拳吗?
>
> 　　　B 没学过，我正在学。每星期学三次。

❶

星期一、三

❷

星期五

❸

星期二、四、六

단어　练瑜伽 liàn yújiā 요가를 하다 ｜ 拉二胡 lā èrhú 얼후를 켜다

3 다음 문장을 바르게 고치세요.

❶ 空调没着开。

⋯⟶ _____ 。

❷ 他在没玩儿电脑，他正在睡觉。

⋯⟶ _____ 。

❸ 爸爸吃饭和看电视。

⋯⟶ _____ 。

4 제시된 표현을 사용하여 다음 문장을 중국어로 써보세요.

❶ 중국에 오기 전에, 저는 그를 한 번도 만난 적이 없어요. (一次也没……)

⋯⟶ _____ 。

❷ 그는 햄버거를 먹으며 영화를 봅니다. (一边……, 一边……)

⋯⟶ _____ 。

❸ 컴퓨터는 꺼져 있고요, 핸드폰도 꺼져 있어요. (关着)

⋯⟶ _____ 。

❹ 우리는 수업 중이 아닙니다. (没在)

⋯⟶ _____ 。

足球 zúqiú
축구

棒球 bàngqiú
야구

篮球 lánqiú
농구

排球 páiqiú
배구

羽毛球 yǔmáoqiú
배드민턴

高尔夫球 gāo'ěrfūqiú
골프

중국
문화

중국의 경극

'베이징 오페라'라고도 불리는 경극(京剧 Jīngjù)은 베이징을 중심으로 발전하여 경극이라는 이름이 붙여졌습니다. 경극은 중국 전통문화의 정수이자 중국의 특색을 잘 살린 예술 장르라고 할 수 있지요.

경극은 극본, 연기, 음악, 노래, 소도구, 분장, 의상 등 다양한 예술적 요소를 결합한 예술 장르입니다. 원래 여성은 경극 배우가 될 수 없어 경극 속 여자 역할을 남자 배우가 맡았었는데, 이러한 관례는 중화인민공화국 정부 설립 이후 폐지되어 여성도 경극 배우가 될 수 있게 되었습니다.

중국의 대표적인 경극 패왕별희(霸王別姬)

경극 공연에서 눈길을 끄는 것은 베이징 방언이 담긴 대사와 음악 그리고 얼굴 분장입니다. 얼굴 분장을 롄푸(脸谱 liǎnpǔ)라고 하는데, 각각의 색깔과 무늬마다 의미가 담겨 있습니다. 붉은색은 충성과 용기, 검은색은 용맹과 지혜, 노란색과 흰색은 흉악함을 나타내고, 파란색은 오만한 민간 영웅, 초록색은 용감하지만 난폭한 인물, 금색과 은색은 신령이나 귀신을 나타냅니다. 『삼국지(三国演义 Sānguó Yǎnyì)』를 바탕으로 한 경극에서 관우는 붉은색 얼굴을, 장비는 검은색 얼굴을, 조조는 흰색 얼굴을 하고 있는데, 롄푸의 의미를 알면 왜 그런 얼굴 분장을 하고 있는지 이해하시겠죠?

경극을 테마로 한 관광 상품

얼굴 분장을 하는 경극 배우

去故宫怎么走?

Qù Gùgōng zěnme zǒu?

고궁에 어떻게 가나요?

회화 길을 묻고 답할 수 있다
교통수단을 이용할 수 있다

어법 往 / 到 / 离

Track07-01

회화★1

☐☐	行人	xíngrén	몡 행인
☐☐	故宫	Gùgōng	고유 고궁
☐☐	走	zǒu	통 가다, 떠나다, 걷다
☐☐	一直	yìzhí	뷔 계속, 줄곧, 늘
☐☐	往	wǎng	개 ~를 향하여
☐☐	前	qián	몡 (방위·순서·시간의) 앞
☐☐	到	dào	개 ~까지 통 도착하다, 이르다
☐☐	红绿灯	hónglǜdēng	몡 신호등

➕ 十字路口 shízì lùkǒu 네거리 │
　 人行横道 rénxíng héngdào 횡단보도

☐☐	左	zuǒ	몡 왼쪽

➕ 右 yòu 오른쪽

☐☐	拐	guǎi	통 돌다, 회전하다

➕ 往右拐 wǎng yòu guǎi 우회전하다(=往右转 wǎng yòu zhuǎn) │
　 往左拐 wǎng zuǒ guǎi 좌회전하다(=往左转 wǎng zuǒ zhuǎn)

☐☐	离	lí	개 ~에서, ~로부터
☐☐	分钟	fēnzhōng	몡 분[시간의 양을 나타냄]

회화★2

☐☐	路	lù	몡 (교통수단의) 노선, 길
☐☐	北京大学	Běijīng Dàxué	고유 베이징대학

➕ 北大 Běidà '北京大学'의 줄임말

☐☐	站	zhàn	몡 정거장, 역
☐☐	打的	dǎ dī	통 택시를 타다

회화 ★1 길 묻기

Track07-02

大韩
请问，去故宫怎么走？
Qǐngwèn, qù Gùgōng zěnme zǒu?

行人
一直往❶前走，到❷红绿灯往左拐。
Yìzhí wǎng qián zǒu, dào hónglǜdēng wǎng zuǒ guǎi.

安娜
离❸这儿远不远？
Lí zhèr yuǎn bu yuǎn?

行人
不太远。走十分钟就到了。
Bú tài yuǎn. Zǒu shí fēnzhōng jiù dào le.

大韩
安娜
谢谢。
Xièxie.

行人
我也去故宫。你们跟我一起走吧。
Wǒ yě qù Gùgōng. Nǐmen gēn wǒ yìqǐ zǒu ba.

Track07-03

회화 ★ 2 버스 노선 묻기

马克　　请问，坐几路公共汽车可以到北京大学?
　　　　Qǐngwèn, zuò jǐ lù gōnggòng qìchē kěyǐ dào Běijīng Dàxué?

行人　　你坐808路就可以到了。
　　　　Nǐ zuò bā líng bā lù jiù kěyǐ dào le.

马克　　要坐几站?
　　　　Yào zuò jǐ zhàn?

行人　　北大离这儿有点儿远，要坐15站。
　　　　Běidà lí zhèr yǒudiǎnr yuǎn, yào zuò shíwǔ zhàn.

马克　　是吗? 太远了。
　　　　Shì ma?　Tài yuǎn le.

行人　　我觉得你打的去比较好。
　　　　Wǒ juéde nǐ dǎ dī qù bǐjiào hǎo.

중국 속으로!

중국의 번호판은 지역마다 달라요

중국의 자동차 번호판은 한자와 영어 알파벳, 그리고 알파벳과 숫자를 혼용한 다섯 자리 형식으로 이루어져 있어요. 한자는 성(省)을 나타내는데, 베이징은 京(Jīng), 랴오닝성은 辽(Liáo), 산둥성은 鲁(Lǔ), 광둥성은 粤(Yuè)로 표기하지요. 도시를 나타내는 영어 알파벳과 결합하여 京A(베이징시), 辽B(랴오닝성 다롄 大连 Dàlián), 鲁N(산둥성 더저우 德州 Dézhōu) 등으로 표기하기 때문에 자동차 번호판만 보고도 어느 지역의 차인지 알 수 있답니다.

1 往

'~를 향하여'라는 의미로, 동작의 방향을 나타냅니다.

到红绿灯往右拐。　　　　신호등에 도착하면 우회전하세요.
Dào hónglǜdēng wǎng yòu guǎi.

你先往前走。　　　　　　당신은 먼저 앞으로 가세요.
Nǐ xiān wǎng qián zǒu.

■ 여러 가지 방위사

위쪽	아래쪽	앞쪽	뒤쪽
上边 shàngbian	下边 xiàbian	前边 qiánbian	后边 hòubian
왼쪽	오른쪽	옆	가운데
左边 zuǒbian	右边 yòubian	旁边 pángbiān	中间 zhōngjiān
동쪽	서쪽	남쪽	북쪽
东边 dōngbian	西边 xībian	南边 nánbian	北边 běibian
안쪽	바깥쪽	맞은편	
里边 lǐbian	外边 wàibian	对面 duìmiàn	

> **TIP**
> 边 대신에 面을 써도 됩니다. 단, 旁边은 旁面으로
> 쓸 수 없습니다.

☑ **바로바로 체크**　　제시된 단어를 배열하여 문장을 만드세요.

① 请　往　你　坐　后边儿

⤷ _____

② 大家　前边儿　请　往　看

⤷ _____

2 到

到는 '~에', '~까지'라는 의미로 종점이나 도착지를 나타냅니다.

A　他到哪儿去了？　　　　　그는 어디에 갔습니까?
　　Tā dào nǎr qù le?

B　他到书店去了。　　　　　그는 서점에 갔습니다.
　　Tā dào shūdiàn qù le.

☑ 바로바로 체크　　다음 문장을 해석해 보세요.

① 请问，从这儿到地铁站远吗？　⇨ _____

② 他到学校去了。　　　　　　　⇨ _____

③ 一直往前走就到了。　　　　　⇨ _____

---

3 离

离는 '~에서', '~로부터'라는 의미로, 장소나 시간을 나타내는 단어와 함께 쓰입니다.

学校离我家很近。　　　　　학교는 우리 집에서 매우 가깝습니다.
Xuéxiào lí wǒ jiā hěn jìn.

离圣诞节只有一个星期。　　성탄절까지는 겨우 일주일 남았습니다.
Lí Shèngdàn Jié zhǐ yǒu yí ge xīngqī.

단어 　地铁站 dìtiězhàn 명 지하철역 ㅣ 近 jìn 형 (거리가) 가깝다 ㅣ 圣诞节 Shèngdàn Jié 명 성탄절, 크리스마스
ㅣ 只 zhǐ 부 단지, 오직, 겨우

离와 从의 차이점

① 离는 위치 또는 시간상의 간격을 표현할 때, 기준점 앞에 쓰입니다. 离는 다른 개사와 같이 사용할 수 없습니다.

长城离天安门远吗? 만리장성은 톈안먼에서 멀어요?
Chángchéng lí Tiān'ānmén yuǎn ma?

② 从은 개사 到와 함께 '从……到……' 형식으로 '~부터 ~까지', 즉 시작과 끝을 나타냅니다.

我们从八点到十二点上课。 우리는 8시부터 12시까지 수업합니다.
Wǒmen cóng bā diǎn dào shí'èr diǎn shàng kè.

바로바로 체크 빈칸에 들어갈 알맞은 단어를 고르세요.

① _____我的生日还有三天。

　　A 从　　　　　B 离　　　　　C 开始　　　　　D 到

② 我_____下个月开始学汉语。

　　A 离　　　　　B 开始　　　　　C 从　　　　　D 到

③ 公司_____我家不太远。

　　A 从　　　　　B 开始　　　　　C 离　　　　　D 在

고궁 가는 길

听同学说，故宫很漂亮。星期天我和安娜打算一起去
Tīng tóngxué shuō, Gùgōng hěn piàoliang. Xīngqītiān wǒ hé Ānnà dǎsuan yìqǐ qù

故宫玩儿。可是我们都不知道去故宫怎么走。
Gùgōng wánr. Kěshì wǒmen dōu bù zhīdào qù Gùgōng zěnme zǒu.

我们前边儿有一个中国女孩儿。我们问她怎么走。她
Wǒmen qiánbianr yǒu yí ge Zhōngguó nǚháir. Wǒmen wèn tā zěnme zǒu. Tā

告诉我们一直往前走，到红绿灯往左拐，走十分钟就到
gàosu wǒmen yìzhí wǎng qián zǒu, dào hónglǜdēng wǎng zuǒ guǎi, zǒu shí fēnzhōng jiù dào

了。她还带我们一起去了。我们的运气真好。
le. Tā hái dài wǒmen yìqǐ qù le. Wǒmen de yùnqi zhēn hǎo.

 대답해 보세요

① 从这儿到故宫走多长时间?

② 他们为什么运气很好?

· 知道 zhīdào 통 알다, 이해하다

· 带 dài 통 데리고 가다

· 运气 yùnqi 명 운, 운수

· 长 cháng 형 길다

· 多长时间 duō cháng shíjiān 얼마나

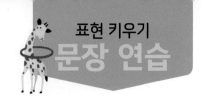

Track07-05

➕ 제시된 표현을 자연스럽게 따라 읽으며 중국어 문장을 익혀 보세요.

1

去	故宫		怎么走?
Qù	Gùgōng		zěnme zǒu?
	机场		
	jīchǎng		
	北京火车站		
	Běijīng huǒchēzhàn		

2

一直往前走，到	红绿灯	往	左	拐。
Yìzhí wǎng qián zǒu, dào	hónglǜdēng	wǎng	zuǒ	guǎi.
	十字路口		左	
	shízì lùkǒu		zuǒ	
	银行		右	
	yínháng		yòu	

·十字路口 shízì lùkǒu
명 네거리, 사거리

3

A

火车站	离这儿	远不远	?
Huǒchēzhàn	lí zhèr	yuǎn bu yuǎn	?
地铁站		远吗	
Dìtiězhàn		yuǎn ma	

B

火车站	离这儿	很远	。
Huǒchēzhàn	lí zhèr	hěn yuǎn	.
地铁站		不远，很近	
Dìtiězhàn		bù yuǎn, hěn jìn	

💬 **다음을 중국어로 말해 보세요.**

· 유학생 기숙사에 어떻게 가나요?

· 곧장 앞으로 가다가 상점에서 우회전하세요.

· 공항은 학교에서 그다지 멀지 않습니다.

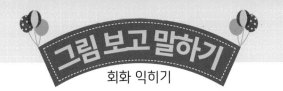

➕ 다음 그림을 보고 〈보기〉와 같이 제시된 장소로 가는 길을 말해 보세요.

보기	书店 ➡ 在<u>西边儿</u>，一直往<u>西走</u>。
	서쪽에 있어요. 계속 서쪽으로 가세요.

❶ 医院 ➡ 一直往_____，到_____往_____。

❷ 邮局 ➡ 一直往_____。

❸ 咖啡店 ➡ 一直往_____，到_____往_____。

❹ 图书馆 ➡ 过_____，一直往_____。

❺ 银行 ➡ 过_____，一直往_____。

단어 丁字路口 dīngzì lùkǒu 명 삼거리 | 马路 mǎlù 명 큰길, 대로

Track07-07

1 녹음을 듣고 질문에 알맞은 답을 고르세요.

❶ 现在女的要去哪儿?

Ⓐ 前门　　　　Ⓑ 长城　　　　Ⓒ 天安门　　　　Ⓓ 颐和园

❷ 她应该怎么去前门?

Ⓐ 走路　　　　Ⓑ 坐车　　　　Ⓒ 坐地铁　　　　Ⓓ 骑自行车

2 〈보기〉의 내용을 참고하여 길을 묻는 대화를 연습해 보세요.

보기　A 请问，去<u>故宫</u>怎么走?

B <u>一直往前走，到红绿灯往左拐</u>。

A 离这儿远不远?

B 不太远。走<u>十分钟</u>就到了。

❶ 도보 10분
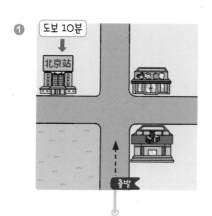

❷ 도보 5분
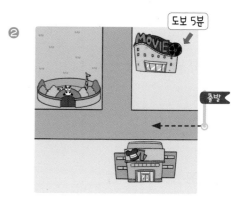

3 다음 〈보기〉 중에서 빈칸에 들어갈 알맞은 단어를 고르세요.

> 보기   从   到   离

❶ _____这儿到火车站远不远？

❷ 你_____十字路口往左拐。

❸ 我们_____九点到十二点上课。

❹ 你们公司_____你家远吗？

4 제시된 표현을 사용하여 다음 문장을 중국어로 써보세요.

❶ 도서관은 학교에서 그다지 멀지 않습니다. (离)

⋯➔ _____。

❷ 명동(明洞)에 어떻게 갑니까? (怎么)

⋯➔ _____？

❸ 앞으로 가다가, 병원에 도착하면 좌회전하세요. (到, 往)

⋯➔ _____。

❹ 106번을 타면 바로 도착할 수 있습니다. (就)

⋯➔ _____。

단어   应该 yīnggāi 조동 ～해야 하다 ㅣ 明洞 Míngdòng 고유 명동

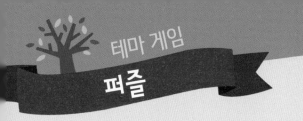
★ 가로세로 열쇠를 풀어 중국어로 퍼즐을 완성하세요.

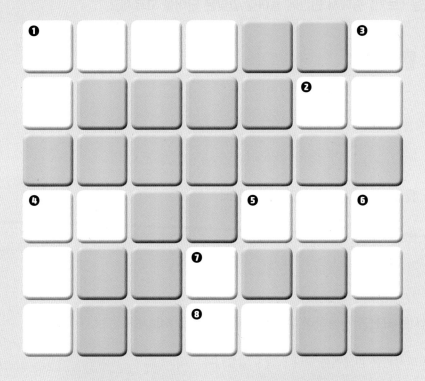

가로 열쇠

❶ 태극권을 하다
❷ 방
❹ 유명하다
❺ 유학생
❽ 시험 삼아 입어 보다

세로 열쇠

❶ ~할 계획이다, ~할 작정이다
❸ 시간
❹ 약간, 조금
❻ 생활하다
❼ 시험

보기

打算　房间　留学生　考试　有名　生活　打太极拳　有点儿　时间　试穿

정답 → 203쪽

중국의 교통수단
기차

중국의 고속 열차

중국에서 기차는 빼놓을 수 없는 교통수단 중 하나입니다. 가장 빠른 기차로는 우리나라의 KTX와 비슷한 高铁(gāotiě), 직행 열차인 直快(zhíkuài), 특급 열차인 特快(tèkuài) 그리고 완행 열차인 普快(pǔkuài)가 있습니다.

중국의 고속철(高铁)은 G, D, C 총 세 종류가 있습니다. G는 高의 병음인 gāo의 맨 앞자리 G를 딴 명칭으로 300km/h 이상 속도로 운행되는 가장 빠른 열차이고, D는 动의 병음인 dòng의 맨 앞자리 D를 딴 명칭으로 250km/h 속도의 고속 열차입니다. C는 城의 병음인 chéng의 맨 앞자리 C를 딴 명칭으로 200~250km/h 속도로 인접 주요 도시권에서 운행됩니다.

고속 열차는 1등석, 일반석, 비즈니스석이 있고, 일반 열차는 침대칸과 의자칸이 있습니다. 침대칸은 4인실과 6인실이 있는데, 딱딱한 침대(硬卧 yìngwò)가 6인실, 푹신한 침대(软卧 ruǎnwò)가 4인실이고, 의자칸도 딱딱한 의자(硬座 yìngzuò)와 푹신한 의자(软座 ruǎnzuò)가 있습니다.

기차표는 중국 철도청 공식 앱 "铁路 12306"을 이용하면 편리합니다. 우리의 코레일 앱과 같은 것으로 별도의 수수료가 없고 탑승객 정보가 인증되면 기차표 예매가 가능합니다. 온라인 구매 티켓은 별도로 발권하지 않고 검표대에서 여권을 스캔한 후 플랫폼으로 들어갈 수 있습니다. 그리고 중국은 기차를 탈 때 보안 검색대를 통과해야 하기 때문에 시간적인 여유를 가지고 역에 오는 것이 좋습니다.

중국 철도청 앱
铁路 12306

CHAPTER

08

饺子已经煮好了。

Jiǎozi yǐjīng zhǔhǎo le.

만두가 이미 다 삶아졌어요.

회화 신년 인사를 말할 수 있다
동작의 결과 표현을 말할 수 있다

어법 결과보어 / 방향보어 / 多

Track08-01

회화 ★ 1

☐☐	见	jiàn	동 보다, 보이다
☐☐	放鞭炮	fàng biānpào	폭죽을 터뜨리다
	✛ 鞭炮 biānpào 폭죽		
☐☐	热闹	rènao	형 떠들썩하다, 번화하다
	✛ 闹 nào 떠들썩하다, 소란스럽다		
☐☐	煮	zhǔ	동 삶다
	✛ 炒 chǎo 볶다 | 蒸 zhēng 찌다		
☐☐	过年	guò nián	동 설을 쇠다, 새해를 맞다
	✛ 过春节 guò Chūnjié 설을 쇠다 | 过生日 guò shēngrì 생일을 보내다		
☐☐	恭喜发财	gōngxǐ fā cái	부자 되세요[새해 인사로 많이 사용함]
	✛ 恭喜 gōngxǐ 축하하다 | 发财 fā cái 돈을 많이 벌다, 부자가 되다		

회화 ★ 2

☐☐	外甥	wàisheng	명 외조카
☐☐	可爱	kě'ài	형 귀엽다
☐☐	对	duì	형 맞다, 옳다
	✛ 错 cuò 틀리다		
☐☐	每年	měi nián	명 매년, 해마다
☐☐	春节	Chūnjié	명 (음력) 설, 춘절
☐☐	时候	shíhou	명 때, 무렵
☐☐	龙龙	Lónglong	고유 룽룽[인명]
☐☐	乖	guāi	형 (어린아이가) 말을 잘 듣다, 착하다

Track08-02

회화 ★ 1 새해맞이

小美 你听见❶了吗? 大家都在放鞭炮呢。
Nǐ tīngjiàn le ma?　　Dàjiā dōu zài fàng biānpào ne.

大韩 听见了。非常热闹。
Tīngjiàn le.　Fēicháng rènao.

小美妈妈 大韩，饺子煮好了，快过来❷吃吧。
Dàhán, jiǎozi zhǔhǎo le, kuài guòlai chī ba.

大韩 谢谢，您做的菜真好吃。
Xièxie, nín zuò de cài zhēn hǎochī.

小美妈妈 那你多❸吃点儿吧。
Nà nǐ duō chī diǎnr ba.

大韩 十二点到了。过年好! 恭喜发财!
Shí'èr diǎn dào le.　Guò nián hǎo! Gōngxǐ fā cái!

회화★2 샤오메이 집에서

Track08-03

小美妈妈　你们回来了！快进来吧！
　　　　　Nǐmen huílai le!　　Kuài jìnlai ba!

小美　　　大韩，我给你介绍一下，这是我姐姐。
　　　　　Dàhán, wǒ gěi nǐ jièshào yíxià, zhè shì wǒ jiějie.

大韩　　　你们好！我叫大韩。他是你外甥吧？很可爱！
　　　　　Nǐmen hǎo!　Wǒ jiào Dàhán.　Tā shì nǐ wàisheng ba?　Hěn kě'ài!

小美　　　对。每年春节的时候，他们都回北京来过年。
　　　　　Duì.　Měi nián Chūnjié de shíhou, tāmen dōu huí Běijīng lái guò nián.

龙龙　　　你好！我是龙龙。
　　　　　Nǐ hǎo!　Wǒ shì Lónglong.

大韩　　　真乖！
　　　　　Zhēn guāi!

중국 속으로!

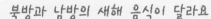

북방과 남방의 새해 음식이 달라요

중국은 큰 땅만큼 북방과 남방의 새해 음식도 달라요. 북방에서는 饺子(jiǎozi 만두, 교자)를, 남방에서는 年糕(niángāo 중국식 설떡)를 먹는다고 해요. 가족이 모여 饺子를 만들어 놓고 자정이 지나면 함께 나누어 먹는데, 이것은 饺子가 '해를 바꾸어 새해를 맞이한다'라는 의미를 내포하고 있기 때문이에요. 남방에서 먹는 年糕는 찹쌀로 만든 떡이에요. 年糕의 糕 발음이 高(gāo)와 같은데, '한 해의 수확이 증가하고, 하는 일이 모두 승승장구하기를 바란다'라는 의미가 담겨 있다고 하네요.

1 결과보어

결과보어는 동사 뒤에 쓰여 동작의 결과를 설명합니다. 결과보어의 부정형은 '(결과가) ~하지 않다'라는 의미로, 동사 앞에 没(有)를 씁니다. 자주 사용되는 결과보어로는 见, 好, 完, 懂, 错 등이 있습니다.

❶ 见 : 주로 시각이나 청각적인 부분에서 무의식적인 감지를 나타냄

刚才我看见他了。　　　　　방금 저는 그를 보았습니다.
Gāngcái wǒ kànjiàn tā le.

你听见了吗?　　　　　　　당신은 들렸습니까?
Nǐ tīngjiàn le ma?

❷ 好 : '잘 마무리되다'라는 의미로 동작의 완성을 나타냄

我准备好了，可以走了。　　저는 준비가 다 됐어요. 갈 수 있어요.
Wǒ zhǔnbèi hǎo le, kěyǐ zǒu le.

妈妈洗好衣服了。　　　　　엄마는 빨래를 다 했습니다.
Māma xǐhǎo yīfu le.

❸ 完(wán) : 끝나다, 마치다

妈妈已经做完饭了。　　　　엄마는 이미 밥을 다 만들었습니다.
Māma yǐjīng zuòwán fàn le.

今天去上海的火车票卖完了。　오늘 상하이로 가는 기차표는 다 팔렸습니다.
Jīntiān qù Shànghǎi de huǒchēpiào màiwán le.

❹ 懂(dǒng) : 이해하다

这本书你看懂了吗?　　　　　이 책을 당신은 보고 이해하셨나요?
Zhè běn shū nǐ kàndǒng le ma?

我没看懂。　　　　　　　　저는 보고 이해하지 못했어요.
Wǒ méi kàndǒng.

2 방향보어

来와 去는 일부 동사의 뒤에서 보어로 쓰여 동작의 방향을 나타내며, 가볍게 경성으로 읽습니다. 동작이 말하는 사람을 향해 이루어지면 来를 쓰고, 그 반대 방향으로 이루어지면 去를 씁니다. 이와 같이 동작의 방향에 대해 보충해 주는 来와 去를 방향보어라고 합니다.

	上	下	进	出	回	过	起
来	上来 올라오다	下来 내려오다	进来 들어오다	出来 나오다	回来 돌아오다	过来 건너오다	起来 일어나다
去	上去 올라가다	下去 내려가다	进去 들어가다	出去 나가다	回去 돌아가다	过去 건너가다	X

他不在家，他已经出去了。　　　그는 집에 없고, 이미 나갔습니다.
Tā bú zài jiā, tā yǐjīng chūqu le.

外面很冷，你快进来吧。　　　밖이 매우 추워요. 당신은 빨리 들어오세요.
Wàimian hěn lěng, nǐ kuài jìnlai ba.

단어 完 wán 통 끝나다, 마치다 I 懂 dǒng 통 알다, 이해하다 I 刚才 gāngcái 명 지금 막, 방금 I 准备 zhǔnbèi 통 준비하다 I 卖 mài 통 팔다

목적어가 장소일 경우, 목적어는 방향보어 来와 去 앞에 위치해야 합니다.

> 동사 + 장소 목적어 + 방향보어(来/去)

下个星期他回<u>美国</u>去。 다음 주에 그는 미국으로 돌아갑니다.
Xià ge xīngqī tā huí Měiguó qù.

已经上课了，快进<u>教室</u>来吧。 이미 수업이 시작됐습니다. 빨리 교실로 들어오세요.
Yǐjīng shàng kè le, kuài jìn jiàoshì lái ba.

☑ **바로바로 체크** 다음 중 알맞은 단어를 골라 문장을 완성하세요.

① 我在下边儿，你快点(出去 / 下来)吧。

② 老师在三楼等你呢，你(上三楼去 / 过三楼来)见老师吧。

---

3 多

'많다'는 뜻의 부사로 동사 앞에 사용됩니다.

多说汉语。 중국어를 많이 말하세요.
Duō shuō Hànyǔ.

别客气，多吃点儿! 사양하지 마시고, 많이 드세요!
Bié kèqi, duō chī diǎnr!

☑ **바로바로 체크** 多가 들어갈 알맞은 위치를 고르세요.

① 你有 A 时间的时候 B 复习 C 汉语吧。

② 你有 A 不懂的 B 问题 C 问老师吧。

중국의 새해

Track08-04

今天是除夕，大韩去小美家过年。很多人正在外边儿
Jīntiān shì Chúxī, Dàhán qù Xiǎoměi jiā guò nián. Hěn duō rén zhèngzài wàibianr

放鞭炮呢，非常热闹。
fàng biānpào ne, fēicháng rènao.

过年的时候中国人都喜欢吃饺子。小美妈妈煮好了
Guò nián de shíhou Zhōngguórén dōu xǐhuan chī jiǎozi. Xiǎoměi māma zhǔhǎole

很多饺子。饺子很好吃，他们都吃了很多。
hěn duō jiǎozi. Jiǎozi hěn hǎochī, tāmen dōu chīle hěn duō.

十二点到了，大家一起说"过年好，恭喜发财"。
Shí'èr diǎn dào le, dàjiā yìqǐ shuō "Guò nián hǎo, gōngxǐ fā cái".

대답해 보세요

· 除夕 Chúxī 명 섣달그믐

① 中国人过年的时候喜欢吃什么?
② 过年的时候，中国人说什么?

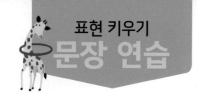

Track08-05

➕ 제시된 표현을 자연스럽게 따라 읽으며 중국어 문장을 익혀 보세요.

❶ A 你听 **见** 了吗?
Nǐ tīng jiàn le ma?
懂
dǒng

B 我已经听 **见** 了。 / 我没听 **见** 。
Wǒ yǐjīng tīng jiàn le. Wǒ méi tīng jiàn .
懂 **懂**
dǒng dǒng

❷ 你们快 **进** **教室** **去** 吧。
Nǐmen kuài jìn jiàoshì qù ba.
上 **二楼** **去**
shàng èr lóu qù
回 **韩国** **来**
huí Hánguó lái

❸ 你们多 **吃点儿** 吧。
Nǐmen duō chī diǎnr ba.
喝点儿
hē diǎnr
买点儿
mǎi diǎnr

💬 **다음을 중국어로 말해 보세요.**

• 밥은 이미 다 먹었습니다.
• 우리 빨리 학교로 돌아갑시다.
• 날씨가 추우니, 많이 입으세요.

회화 익히기

Track08-06

😊 다음 그림을 보고 〈보기〉와 같이 문장을 만들어 보세요.

보기

饺子煮好了。 만두가 다 삶아졌습니다.

饺子没煮好。 만두가 아직 삶아지지 않았습니다.

❶

汉字_____了。

汉字_____。

❷

作业_____了。

作业_____。

❸

中国电影_____了。

中国电影_____。

❹

自行车_____了。

自行车_____。

단어 修 xiū 통 수리하다

Track08-07

1 녹음을 듣고 질문에 알맞은 답을 고르세요.

① 现在儿子为什么要出去?

  Ⓐ 见中国朋友   Ⓑ 见美国朋友

  Ⓒ 看电影   Ⓓ 跟朋友吃饭

② 妈妈说几点以前要回来?

  Ⓐ 今天八点   Ⓑ 今天九点

  Ⓒ 今天十二点   Ⓓ 明天十二点

2 〈보기〉의 내용을 참고하여 명절에 관해 말해 보세요.

> 보기 今天是除夕，我去朋友家做客。过年的时候，中国人都喜欢吃饺子。我朋友煮好了很多饺子。饺子很好吃，我们都吃了很多。

①
中秋节/月饼

②
端午节/粽子

단어 儿子 érzi 몡 아들 ｜ 做客 zuò kè 통 손님이 되다, 방문하다 ｜ 中秋节 Zhōngqiū Jié 몡 중추절, 추석
｜ 月饼 yuèbing 몡 월병 ｜ 端午节 Duānwǔ Jié 몡 단오 ｜ 粽子 zòngzi 몡 쫑쯔

3 다음 〈보기〉 중에서 빈칸에 들어갈 알맞은 단어를 고르세요.

> **보기**   进来   听懂   休息好

❶ 他的话，你_____了吗? 我没听懂。

❷ 大韩! 外边儿很冷，你_____玩儿吧。

❸ 你们_____了吗? 我们走吧。

4 제시된 표현을 사용하여 다음 문장을 중국어로 써보세요.

❶ 당신은 제 핸드폰을 보았습니까? (见)

⫸ _____?

❷ 당신은 빨리 내려오세요. 내가 아래층(楼下)에서 당신을 기다릴게요. (下来)

⫸ _____。

❸ 저는 이 책을 보고 이해하지 못했습니다. (懂)

⫸ _____。

❹ 그는 매년 겨울(冬天)에 한국으로 돌아갑니다. (⋯⋯的时候, 回⋯⋯去)

⫸ _____。

단어   冬天   dōngtiān   명 겨울

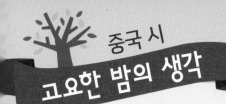

Track 08-08

静夜思
Jìng yè sī

李白
Lǐ Bái

床前明月光,
Chuáng qián míngyuè guāng,

疑是地上霜。
yí shì dì shang shuāng.

举头望明月,
Jǔ tóu wàng míngyuè,

低头思故乡。
dī tóu sī gùxiāng.

중국문화

중국의 식사 예절

    중국은 동그란 원탁에 앉아 식사하는 경우가 많은데, 이 경우 문을 바라보고 있는 가장 안쪽 정중앙의 자리가 상석이고, 문 앞의 자리가 말석입니다. 나머지는 서열에 따라 상석의 왼쪽부터 앉으면 됩니다.

    음식을 먹을 때는 초대받은 사람이 먼저 드시게 하고, 원탁을 돌리면서 자신이 먹고 싶은 음식을 개인 접시에 덜어 먹으면 되는데, 이때 공용 젓가락을 이용해 음식을 덜고 한 종류의 음식만 덜어서 먹는 것이 예의입니다. 중국에서는 밥을 먹을 때도 젓가락을 사용하고 탕이나 국을 먹을 때만 숟가락을 사용하는 것이 우리와 다른 점입니다. 중국의 쌀은 찰기가 없어 쉽게 흩어지기 때문에 밥그릇을 들고 젓가락으로 먹습니다.

    중국에서는 음식을 깨끗이 다 먹으면 대접하는 사람 입장에서는 음식이 모자란 것으로 생각하기 때문에 음식을 조금 남기는 것이 예의입니다. 하지만 과도한 음식물 낭비를 방지하기 위해 음식을 깨끗이 다 비우는 것을 좋아하는 사람도 많습니다.

긴 젓가락을 사용하는 중국

원탁에 앉아 식사하는 중국인

老师说的汉语，你听得懂吗?

Lǎoshī shuō de Hànyǔ, nǐ tīng de dǒng ma?

선생님이 말하는 중국어, 당신은 알아들을 수 있나요?

학습 미션

회화   수업 및 학습에 관해 말할 수 있다
           가능·불가능 표현을 말할 수 있다

어법   가능보어 / 如果

Track09-01

회화 ★1

☐☐	学期	xuéqī	몡 학기
☐☐	门	mén	양 과목[수업을 세는 단위]
☐☐	阅读	yuèdú	몡 독해
☐☐	听力	tīnglì	몡 듣기
☐☐	口语	kǒuyǔ	몡 회화
☐☐	作文	zuòwén	몡 작문
☐☐	懂	dǒng	동 알다, 이해하다
☐☐	如果	rúguǒ	졉 만약 ~라면
☐☐	慢	màn	혱 느리다

회화 ★2

☐☐	题	tí	몡 문제
☐☐	中国通	Zhōngguótōng	몡 중국통, 중국에 대해서 능통한 사람
☐☐	只	zhǐ	뷔 단지, 오직, 겨우
☐☐	一点点	yìdiǎndiǎn	아주 조금
☐☐	哪里	nǎli	뭘요, 천만에요[겸손하게 자신에 대한 칭찬을 부정하는 표현]
☐☐	有时候	yǒushíhou	이따금, 가끔
☐☐	以后	yǐhòu	몡 이후
☐☐	加油	jiā yóu	동 힘을 내다, 응원하다, 파이팅

Track09-02

회화★1 수업에 대해

小美　这学期有几门课?
　　　Zhè xuéqī yǒu jǐ mén kè?

大韩　四门。阅读、听力、口语，还有作文。
　　　Sì mén.　Yuèdú、tīnglì、kǒuyǔ, hái yǒu zuòwén.

小美　你觉得听力课难不难?
　　　Nǐ juéde tīnglì kè nán bu nán?

大韩　我觉得比较难，但是很有意思。
　　　Wǒ juéde bǐjiào nán, dànshì hěn yǒu yìsi.

小美　老师说的汉语，你听得懂听不懂❶?
　　　Lǎoshī shuō de Hànyǔ, nǐ tīng de dǒng tīng bu dǒng?

大韩　如果❷老师慢点儿说，我就听得懂。
　　　Rúguǒ lǎoshī màn diǎnr shuō, wǒ jiù tīng de dǒng.

哪里! 哪里!

'哪里! 哪里!'는 상대방으로부터 칭찬을 들었을 때 쓰는 겸손한 표현으로 '천만에요'라는 뜻입니다.

Track09-03

马克　今天的阅读课太难了，我都看不懂。你看得懂吗?
Jīntiān de yuèdú kè tài nán le, wǒ dōu kàn bu dǒng.　Nǐ kàn de dǒng ma?

安娜　我都看得懂。但是题太多了，我也做不完。
Wǒ dōu kàn de dǒng. Dànshì tí tài duō le, wǒ yě zuò bu wán.

马克　你真是中国通! 我只看得懂一点点。
Nǐ zhēn shì Zhōngguótōng! Wǒ zhǐ kàn de dǒng yìdiǎndiǎn.

安娜　哪里! 哪里! 老师的话有时候我也听不懂。
Nǎli!　Nǎli!　Lǎoshī de huà yǒushíhou wǒ yě tīng bu dǒng.

马克　如果有时间，以后我们一起学习吧。
Rúguǒ yǒu shíjiān, yǐhòu wǒmen yìqǐ xuéxí ba.

安娜　好的。加油!
Hǎode.　Jiā yóu!

중국 속으로!

점심때 대부분 수업이 없어요!

중국에서는 학과 안에서 여러 반으로 나뉘어 반별로 수업 시간표를 배정 받는데, 보통 8시에 1교시가 시작되고 모든 강의를 두 시간 정도 듣습니다. 이른 아침에는 학생 식당에서 음식을 포장해서 봉지를 들고 수업에 들어가는 모습도 자주 볼 수 있지요. 중국은 대학교에도 낮잠 시간이 있어서 12시부터 2시 사이에는 대부분 수업이 없고, 저녁 늦게 9시까지 수업이 있는 날도 있다고 해요.

1 가능보어

동사와 결과보어 또는 방향보어 사이에 得나 不를 넣어 '~할 수 있다'는 가능 혹은 '~할 수 없다'는 불가능의 의미를 나타내는 것을 가능보어라고 합니다.

	동사 + 결과보어/방향보어	동사 + 得 + 결과보어/방향보어
听	听懂 알아듣다 tīngdǒng	听得懂 알아들을 수 있다 tīng de dǒng
回	回来 돌아오다 huílai	回得来 돌아올 수 있다 huí de lái

■ 긍정문

> 동사 + 得 + 결과보어/방향보어

作业我都做得完。　　　　　숙제를 저는 다 끝낼 수 있어요.
Zuòyè wǒ dōu zuò de wán.

明天他回得来。　　　　　　내일 그는 돌아올 수 있습니다.
Míngtiān tā huí de lái.

早上七点我能起得来。　　　아침 7시에 저는 일어날 수 있습니다.
Zǎoshang qī diǎn wǒ néng qǐ de lái.

■ 부정문

> 동사 + 不 + 결과보어/방향보어

我听不见你的声音。　　　　저는 당신의 목소리가 들리지 않습니다.
Wǒ tīng bu jiàn nǐ de shēngyīn.

人太多，我进不去。　　　　사람이 너무 많아서, 저는 들어갈 수 없습니다.
Rén tài duō, wǒ jìn bu qù.

■ 의문문

> 동사 + 得/不 + 결과보어/방향보어 + 吗?
> 동사 + 得 + 결과보어/방향보어 + 동사 + 不 + 결과보어/방향보어?

A 我的话你听得懂听不懂?　　　저의 말을 당신은 알아들을 수 있나요, 없나요?
Wǒ de huà nǐ tīng de dǒng tīng bu dǒng?

B 你的话，我听不懂。　　　당신의 말을 저는 알아듣지 못합니다.
Nǐ de huà, wǒ tīng bu dǒng.

☑ 바로바로 체크　　　다음 문장을 바르게 고치세요.

① 我听得不懂老师说的话。

⇢ _____

② 作业太多了，我做得完。

⇢ _____

③ 现在没有公共汽车了，我不能回得去。

⇢ _____

단어 声音 shēngyīn 몡 목소리

2 如果

如果는 '만약 ~라면'이라는 의미로, 가정문을 만드는 접속사입니다. 뒤 절에서는 종종 부사 就가 함께 쓰입니다.

如果明天下雨，我们就后天去吧。　　만약 내일 비가 온다면, 우리 모레 가요.
Rúguǒ míngtiān xià yǔ, wǒmen jiù hòutiān qù ba.

如果有时间，我们就去看电影吧。　　만약 시간이 있다면, 우리 영화 보러 가요.
Rúguǒ yǒu shíjiān, wǒmen jiù qù kàn diànyǐng ba.

☑ 바로바로 체크　　如果를 사용하여 다음 문장을 중국어로 써보세요.

① 만약 시간이 있으면, 우리 여행(旅游) 가요.

⋯⋫ _____

② 만약 비가 오지 않으면, 나는 등산(爬山)을 가고 싶어요.

⋯⋫ _____

단어　下雨　xià yǔ 통 비가 내리다 ｜ 旅游 lǚyóu 통 여행하다 ｜ 爬山 pá shān 통 등산하다

중국어 수업

Track09-04

这学期大韩有四门课，听力、阅读、口语和作文。
Zhè xuéqī Dàhán yǒu sì mén kè, tīnglì、yuèdú、kǒuyǔ hé zuòwén.

作文课太难了，他觉得没有意思。阅读课也很难，大韩
Zuòwén kè tài nán le, tā juéde méiyǒu yìsi. Yuèdú kè yě hěn nán, Dàhán

常常看不懂。听力课比较难，但是大韩觉得很有意思。
chángcháng kàn bu dǒng. Tīnglì kè bǐjiào nán, dànshì Dàhán juéde hěn yǒu yìsi.

如果老师慢点儿说，他就听得懂。他最喜欢口语课，
Rúguǒ lǎoshī màn diǎnr shuō, tā jiù tīng de dǒng. Tā zuì xǐhuan kǒuyǔ kè,

又容易又有意思。
yòu róngyì yòu yǒu yìsi.

대답해 보세요

① 大韩为什么不喜欢作文课?
② 大韩最喜欢什么课? 为什么?

· 常常 chángcháng 📖 늘, 자주
· 最 zuì 📖 가장, 제일
· 容易 róngyì 📖 쉽다, 용이하다

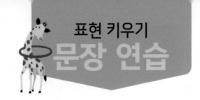

Track09-05

➕ 제시된 표현을 자연스럽게 따라 읽으며 중국어 문장을 익혀 보세요.

1 我觉得　听力课　很难　。
Wǒ juéde　tīnglì kè　hěn nán

作文课　不容易，最难
zuòwén kè　bù róngyì, zuì nán

口语课　很有意思
kǒuyǔ kè　hěn yǒu yìsi

2 A　你　听得懂　听不懂　？
Nǐ　tīng de dǒng　tīng bu dǒng

回得来　回不来
huí de lái　huí bu lái

B　我　听不懂　。
Wǒ　tīng bu dǒng

回得来
huí de lái

3 如果有很多钱，我就想　去旅游　。
Rúguǒ yǒu hěn duō qián, wǒ jiù xiǎng　qù lǚyóu

去外国留学
qù wàiguó liúxué

买房子
mǎi fángzi

・外国　wàiguó　명 외국

💬 다음을 중국어로 말해 보세요.

· 제 생각에 자전거를 타면 너무 느립니다.

· 선생님이 만든 요리는 너무 많아서, 제가 다 먹을 수 없습니다.

· 만약 당신이 간다면, 저는 가고 싶지 않아요.

회화 익히기

Track09-06

➕ 다음 그림을 보고 〈보기〉와 같이 문장을 만들어 보세요.

보기

老师说的汉语，他们听得懂听不懂？
선생님이 말하는 중국어를 그들은 알아들을 수 있나요, 없나요?

➡ 老师说的汉语，马克听不懂。
선생님이 말하는 중국어를 마크는 알아듣지 못합니다.

➡ 老师说的汉语，安娜听得懂。
선생님이 말하는 중국어를 안나는 알아들을 수 있습니다.

---

❶

妈妈做的菜，他们吃得完吃不完？

➡ ＿＿＿＿＿＿＿＿＿，大韩＿＿＿＿＿＿。

➡ ＿＿＿＿＿＿＿＿＿，小美＿＿＿＿＿＿。

---

❷

老师写的汉字，他们看得懂看不懂？

➡ ＿＿＿＿＿＿＿＿＿，马克＿＿＿＿＿＿。

➡ ＿＿＿＿＿＿＿＿＿，大韩＿＿＿＿＿＿。

---

❸

大韩买的啤酒，他们喝得完喝不完？

➡ ＿＿＿＿＿＿＿＿＿，小美＿＿＿＿＿＿。

➡ ＿＿＿＿＿＿＿＿＿，马克＿＿＿＿＿＿。

1 녹음을 듣고 질문에 알맞은 답을 고르세요.

Track 09-07

❶ 女的觉得学汉语怎么样?

  Ⓐ 很难   Ⓑ 不太难   Ⓒ 有点儿难   Ⓓ 不难

❷ 她＿＿＿＿汉语书，也＿＿＿＿中国人的话。

  Ⓐ 看不懂，听得懂   Ⓑ 看得懂，听不懂

  Ⓒ 看得懂，听得懂   Ⓓ 看不懂，听不懂

2 〈보기〉의 내용을 참고하여 수업에 관해 말해 보세요.

> 보기　这学期我有四门课，听力、阅读、口语和作文。阅读课很难，我常常看不懂。听力课比较难，但是我觉得很有意思。我最喜欢口语课，又容易又有意思。

❶    ❷

수강 과목	听力 / 阅读 / 口语	听力 / 口语 / 作文
좋아하는 수업	口语	作文
싫어하는 수업	阅读	听力

3 다음 중 알맞은 단어를 골라 문장을 완성하세요.

❶ 我今天很忙，6点以前(回得来 / 回不来)。

❷ 生词很多，今天(学得完 / 学不完)。

❸ 我看不见前边儿，你(看得见 / 看不见)吗?

❹ 你说得非常快，我(听得懂 / 听不懂)。

4 제시된 표현을 사용하여 다음 문장을 중국어로 써보세요.

❶ 이렇게 많은 음식을 나 혼자서(一个人) 다 먹을 수 없습니다. (吃不完)

⇢ _____。

❷ 제 말을 당신은 알아들을 수 있나요, 없나요? (听得懂, 听不懂)

⇢ _____?

❸ 그 사람의 키(个子)가 너무 커서, 저는 앞이 안 보여요. (看不见)

⇢ _____。

❹ 저는 이 책을 이해할 수 없어요. (看不懂)

⇢ _____。

단어 生词 shēngcí 명 새 단어

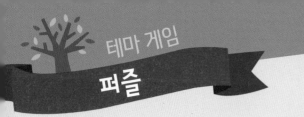
★ 퍼즐 안에 숨겨진 단어를 찾아 표시한 후, 써보세요.

舍	还	间	题	懂	有	但
阅	里	舒	服	思	其	哪
了	几	太	口	看	如	我
讲	便	只	起	厉	果	汽
价	肚	交	通	期	得	力
别	阅	门	听	介	都	一
中	候	节	比	国	绍	读

	한자	병음	뜻
1.	_____	_____	_____
2.	_____	_____	_____
3.	_____	_____	_____
4.	_____	_____	_____
5.	_____	_____	_____

정답 → 203쪽

중국의 대학 생활

　　중국은 우리나라와 달리 9월에 새 학기가 시작됩니다. 대학교 신입생들은 처음 입학한 후 남녀 구분 없이 기초적인 '군사 훈련(军训 jūnxùn)'을 한 달간 받습니다. 그래서 새 학기에는 군복을 입고 있는 신입생들을 볼 수 있답니다.

　　중국의 대학생들은 고등학생처럼 아침부터 저녁까지 수업을 듣습니다. 오후 6시쯤 수업이 모두 끝나는데, 저녁을 먹고 남은 시간에는 도서관에 가서 공부를 하거나 드라마를 보거나 게임을 하면서 여가 시간을 즐기기도 합니다. 부모와 떨어져 친구들과 기숙사 생활을 하기 때문에 중국 대학생들은 자신의 건강을 지키기 위해 무척 노력하는데, 아침이나 밤에 학교 운동장에 가면 운동을 하는 학생들을 쉽게 볼 수 있습니다.

　　중국도 취업난이 극심해서 중국 대학생들도 미리 취업 준비를 합니다. 영어 자격증, 컴퓨터 자격증을 준비하거나 높은 연봉을 받을 수 있는 회계사 자격증을 준비하기도 하고, 안정적인 직업인 공무원 시험을 준비하기도 하지요.

군사 훈련(军训)을 받는 신입생

도서관에서 공부하는 학생들

CHAPTER 10

请帮我们照一张，好吗?

Qǐng bāng wǒmen zhào yì zhāng, hǎo ma?

사진 한 장 찍어 주시겠어요?

기본 다지기
단어

회화★1

	多……啊	duō……a	얼마나 ~한가
☐☐	哇	wā	囧탄 와!
☐☐	真是	zhēnshi	囘 정말, 참
☐☐	美	měi	囘 아름답다, 예쁘다
☐☐	极了	jí le	극히, 매우, 아주[성질이나 상태를 나타내는 형용사 뒤에 쓰여 정도가 아주 심함을 나타냄]
☐☐	哈尔滨	Hā'ěrbīn	囘유 하얼빈
☐☐	冰灯节	Bīngdēng Jié	囘 빙등제
☐☐	好像	hǎoxiàng	囘 마치 ~와 같다
☐☐	照相	zhào xiàng	囘 사진을 찍다

＋ 照 zhào (사진을) 찍다 ㅣ 照相机 zhàoxiàngjī 사진기 ㅣ
照片儿 zhàopiànr 사진

☐☐	先生	xiānsheng	囘 ~씨, ~선생[성인 남성에 대한 존칭]
☐☐	帮	bang	囘 돕다

＋ 帮忙 bāng máng 돕다, 도와주다

☐☐	张	zhāng	囘 장[사진·종이 등 평평한 것을 세는 단위]

회화★2

☐☐	过	guò	囘 지내다
☐☐	爬	pá	囘 기어오르다
☐☐	顶	dǐng	囘 정상, 꼭대기

＋ 楼顶 lóudǐng 옥상 ㅣ 山顶 shāndǐng 산꼭대기

☐☐	那么	nàme	때 그렇게, 그런

회화★1 하얼빈 빙등제에서

小美　　大韩，你快过来看看。多漂亮啊!❶
　　　　Dàhán, nǐ kuài guòlai kànkan.　　Duō piàoliang a!

大韩　　哇! 真是美极了!
　　　　Wā!　Zhēnshi měi jí le!

小美　　哈尔滨的冰灯节很有名。
　　　　Hā'ěrbīn de Bīngdēng Jié hěn yǒumíng.

大韩　　真好看! 我好像❷在韩国没看过冰灯。
　　　　Zhēn hǎokàn! Wǒ hǎoxiàng zài Hánguó méi kànguo bīngdēng.

小美　　你要照相吗?
　　　　Nǐ yào zhào xiàng ma?

大韩　　好，我们一起照吧! 先生，请帮❸我们照一张，好吗?
　　　　Hǎo, wǒmen yìqǐ zhào ba!　Xiānsheng, qǐng bāng wǒmen zhào yì zhāng, hǎo ma?

······极了

'형용사+极了' 형식으로 쓰여 '아주 ~하다'라는 의미를 나타냅니다.

我爱人漂亮极了。 제 아내는 아주 예쁩니다.
Wǒ àiren piàoliang jí le.

· 爱人　àiren　명 남편 또는 아내, 배우자

Track 10-03

회화★2 만리장성 여행담

安娜　这个周末过得怎么样?
Zhège zhōumò guò de zěnmeyàng?

马克　我跟大韩还有王老师一起去长城了。
Wǒ gēn Dàhán háiyǒu Wáng lǎoshī yìqǐ qù Chángchéng le.

安娜　我没去过长城。你们玩儿得怎么样?
Wǒ méi qùguo Chángchéng. Nǐmen wánr de zěnmeyàng?

马克　好极了! 我们一边爬，一边听王老师介绍长城。
Hǎo jí le!　Wǒmen yìbiān pá, yìbiān tīng Wáng lǎoshī jièshào Chángchéng.

安娜　你们爬到长城顶了吗?
Nǐmen pádào Chángchéng dǐng le ma?

马克　没有。因为太累了，我们爬不了❹那么高。
Méiyǒu.　Yīnwèi tài lèi le, wǒmen pá bu liǎo nàme gāo.

중국 속으로!

중국의 겨울 축제 빙등제

하얼빈에서는 매년 1월 5일에서 2월 5일 사이에 눈과 얼음의 축제인 빙등제(冰灯节 Bīngdēng Jié)와 빙설제(冰雪节 Bīngxuě Jié)가 열립니다. 빙등제는 전 세계에서 모인 다양한 얼음 조각을 전시하는데, 오후에는 얼음 조각 안에 오색등을 밝혀 조각들의 아름다움이 더욱 돋보인다고 해요. 빙설제는 눈으로 만든 조각을 전시하는데, 새하얀 눈으로 만든 조각들이 다이아몬드처럼 반짝반짝 빛나 환상적인 야경을 연출한답니다.

1 多……啊

부사 多는 啊와 함께 쓰여 '얼마나 ~한가'라는 감탄문을 만듭니다. 여기서 啊는 감탄의 어기를 나타냅니다.

> 多 + 형용사 + 啊

这个公园多漂亮啊!　　　　　이 공원은 얼마나 예쁩니까!
Zhège gōngyuán duō piàoliang a!

你能去中国学汉语多好啊!　　당신이 중국에 가서 중국어를 공부할 수 있다니 얼마나 좋아요!
Nǐ néng qù Zhōngguó xué Hànyǔ duō hǎo a!

☑ 바로바로 체크
다음 사진을 보고 '多……啊'를 사용해서 문장을 완성하세요.

① ¥500.00

这件衣服_____!

② 今天天气_____!

2 好像

好像은 '마치 ~와 같다'라는 의미로 비유나 추측을 나타냅니다.

看起来他好像是韩国人。　　　보아하니 그는 한국 사람인 것 같습니다.
Kàn qǐlai tā hǎoxiàng shì Hánguórén.

这个菜我好像在日本吃过。　　이 요리를 저는 일본에서 먹어 본 것 같습니다.
Zhège cài wǒ hǎoxiàng zài Rìběn chīguo.

☑ **바로바로 체크** 제시된 단어를 배열하여 문장을 만드세요.

① 身体　好像　他　不舒服　看起来

⋯▷ _____

② 今天　下雨　会　好像

⋯▷ _____

3 帮

帮은 '돕다', '거들어 주다'라는 의미의 동사로, 여기서는 '帮+사람+동사'의 형식으로 쓰여 '~를 도와서 ~하다'라는 의미를 나타냅니다.

我帮你还书。
Wǒ bāng nǐ huán shū.

제가 당신을 도와서 책을 반납할게요.

我帮你拿行李吧。
Wǒ bāng nǐ ná xíngli ba.

제가 짐을 들어 드릴게요.

☑ **바로바로 체크** 다음 문장을 중국어로 써보세요.

① 저는 엄마를 도와서 설거지를 합니다.

⋯▷ _____

② 저는 남동생을 도와서 숙제를 합니다.

⋯▷ _____

단어 还 huán 통 돌려주다, 반납하다 ┃ 拿 ná 통 (손으로) 잡다, (손에) 쥐다 ┃ 行李 xíngli 명 여행 짐, 수화물

4 ······不了

어떠한 동작이 실현 가능하거나 혹은 실현 가능하지 않을 때 동사 뒤에 得了나 不了를 사용하여 표현합니다. 이때 了는 'le'가 아니라 'liǎo'라고 발음해야 합니다.

■ 기본 형식

> 동사 + 得了 : ~할 수 있습니다(가능)
>
> 동사 + 不了 : ~할 수 없습니다(불가능)

今天晚上我没有课，去得了。　오늘 저녁에 저는 수업이 없어서 갈 수 있어요.
Jīntiān wǎnshang wǒ méiyǒu kè, qù de liǎo.

今天晚上我有课，去不了。　오늘 저녁에 저는 수업이 있어서 갈 수 없어요.
Jīntiān wǎnshang wǒ yǒu kè, qù bu liǎo.

■ 의문문

> 동사 + 得了 + 吗? : ~할 수 있습니까?
>
> 동사 + 得了 + 동사 + 不了? : ~할 수 있습니까, 할 수 없습니까?

A 五瓶啤酒他喝得了吗?　　맥주 다섯 병을 그는 마실 수 있나요?
　Wǔ píng píjiǔ tā hē de liǎo ma?

（=五瓶啤酒他喝得了喝不了?）
　　Wǔ píng píjiǔ tā hē de liǎo hē bu liǎo?

B 五瓶啤酒他喝得了。　　맥주 다섯 병을 그는 마실 수 있어요.
　Wǔ píng píjiǔ tā hē de liǎo.

☑ **바로바로 체크**　'······得了/不了' 표현을 써서 다음 대화를 완성해 보세요.

① A 你开得了车吗?

　 B 我喝酒了, ＿＿＿＿＿＿＿＿。

② A 你一个人＿＿＿＿＿＿＿?

　 B 我不知道路, 一个人回不了家。

Track 10-04

하얼빈 빙등제

听说哈尔滨的冰灯节很有名。寒假小美和大韩一起
Tīngshuō Hā'ěrbīn de Bīngdēng Jié hěn yǒumíng. Hánjià Xiǎoměi hé Dàhán yìqǐ

去哈尔滨看冰灯了。
qù Hā'ěrbīn kàn bīngdēng le.

大韩觉得哈尔滨的冰灯非常漂亮。他好像在韩国
Dàhán juéde Hā'ěrbīn de bīngdēng fēicháng piàoliang. Tā hǎoxiàng zài Hánguó

一次也没看过。所以大韩想照几张相，给家人看看。
yí cì yě méi kànguo. Suǒyǐ Dàhán xiǎng zhào jǐ zhāng xiàng, gěi jiārén kànkan.

这次寒假他们在哈尔滨玩儿得很开心。
Zhècì hánjià tāmen zài Hā'ěrbīn wánr de hěn kāixīn.

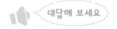 대답해 보세요

① 寒假小美和大韩做什么了?
② 大韩为什么要照相?

· 寒假 hánjià 몡 겨울 방학
· 家人 jiārén 몡 가족, 식구
· 开心 kāixīn 혱 기쁘다, 즐겁다

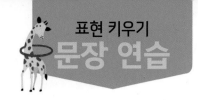

Track 10-05

➕ 제시된 표현을 자연스럽게 따라 읽으며 중국어 문장을 익혀 보세요.

①

冰灯	多	漂亮	啊!
Bīngdēng	duō	piàoliang	a!

这儿的风景	美
Zhèr de fēngjǐng	měi

这件衣服	贵
Zhè jiàn yīfu	guì

· 风景 fēngjǐng 명 경치, 풍경

②

哥哥，帮我	照一张	，好吗?
Gēge, bāng wǒ	zhào yì zhāng	hǎo ma?

拿东西
ná dōngxi

还书
huán shū

③

A
你	去得了	去不了	?
Nǐ	qù de liǎo	qù bu liǎo	?

	吃得了	吃不了	
	chī de liǎo	chī bu liǎo	

B
我	去得了	。
Wǒ	qù de liǎo	.

	吃不了
	chī bu liǎo

💬 **다음을 중국어로 말해 보세요.**

· 그는 오늘 얼마나 기쁜지!

· 엄마, 저를 도와 물건을 사주시겠어요?

· 이 스웨터(毛衣)가 너무 커서, 저는 입을 수 없습니다.

Track 10-06

✚ 다음 그림을 보고 〈보기〉와 같이 문장을 만들어 보세요.

听说你去书店，帮我买一本小说，好吗？
듣자 하니 당신은 서점에 간다면서요, 저를 도와서 소설책 한 권 사줄래요?

1

听说你＿＿＿＿＿＿＿＿＿，

帮我＿＿＿＿＿＿＿＿＿，好吗？

2

听说你＿＿＿＿＿＿＿＿＿，

帮我＿＿＿＿＿＿＿＿＿，好吗？

3

听说你＿＿＿＿＿＿＿＿＿，

帮我＿＿＿＿＿＿＿＿＿，好吗？

단어 市场 shìchǎng 명 시장

Track 10-07

1 녹음을 듣고 질문에 알맞은 답을 고르세요.

❶ 他的美国朋友什么时候来北京?

　Ⓐ 这个星期六　　　　　　　Ⓑ 下个星期六
　Ⓒ 这个星期五　　　　　　　Ⓓ 下个星期五

❷ 他打算跟美国朋友去哪儿?

　Ⓐ 青岛　　　　Ⓑ 美国　　　　Ⓒ 台湾　　　　Ⓓ 香港

2 〈보기〉의 내용을 참고하여 여행지에 관해 말해 보세요.

> 보기　听说哈尔滨的冰灯节很有名。我跟朋友一起去哈尔滨看冰灯了。
> 我觉得哈尔滨的冰灯非常漂亮。我好像在韩国一次也没看过。

❶

北京烤鸭

❷

青岛啤酒

3 제시된 단어를 어순에 맞게 배열하여 문장을 만드세요.

❶ 帮　　我　　请　　一张　　照　　好吗

╍╍▶ ＿＿＿＿＿＿＿＿＿＿＿＿＿＿＿＿＿＿＿＿？

❷ 是　　他　　好像　　留学生　　韩国

╍╍▶ ＿＿＿＿＿＿＿＿＿＿＿＿＿＿＿＿＿＿＿＿。

❸ 现在　　钱　　我　　没有 / 不了　　买

╍╍▶ ＿＿＿＿＿＿＿＿＿＿＿＿＿＿＿＿＿＿＿＿。

4 제시된 표현을 사용하여 다음 문장을 중국어로 써보세요.

❶ 오늘 날씨가 너무나 좋아요! (多……啊)

╍╍▶ ＿＿＿＿＿＿＿＿＿＿＿＿＿＿＿＿＿＿＿＿！

❷ 한국에서 만난 적이 있는 것 같아요. (好像)

╍╍▶ ＿＿＿＿＿＿＿＿＿＿＿＿＿＿＿＿＿＿＿＿。

❸ 저를 도와 커피 한 잔 사주세요. (帮)

╍╍▶ ＿＿＿＿＿＿＿＿＿＿＿＿＿＿＿＿＿＿＿＿。

❹ 그는 최근에 굉장히(特別) 바빠서 갈 수 없습니다. (……不了)

╍╍▶ ＿＿＿＿＿＿＿＿＿＿＿＿＿＿＿＿＿＿＿＿。

단어 台湾 Táiwān 고유 타이완, 대만

Track 10-08

售票处 shòupiàochù
매표소

停车场 tíngchēchǎng
주차장

安全出口 ānquán chūkǒu
비상구

禁止拍照 jìnzhǐ pāizhào
촬영 금지

小心地滑 xiǎoxīn dì huá
미끄럼 주의

禁止吸烟 jìnzhǐ xī yān
흡연 금지

중국문화

중국의 여행 명소 1
苏州, 杭州

동양의 베니스 쑤저우(苏州)

중국에 上有天堂, 下有苏杭(Shàng yǒu tiāntáng, xià yǒu Sū-Háng 하늘에는 천당이 있고, 땅에는 쑤저우와 항저우가 있다)라는 말이 있습니다. 쑤저우(苏州 Sūzhōu)와 항저우(杭州 Hángzhōu)의 풍경이 천당에 비견될 정도로 아름답다는 뜻이지요.

'동양의 베니스'라고도 불리는 쑤저우는 시내 전체가 운하로 되어 있으며, 유명한 관광지로 쑤저우 4대 명원 중 하나이며 2000년 유네스코 세계 문화 유산으로 등재된 사자림(狮子林 Shīzilín)이 있습니다. 사자림은 이름처럼 사자 모양의 태호석으로 꾸며진 정원인데, 태호석은 석회암이 용해되면서 특이한 모양을 하고 있는 돌로, 주로 정원에 사용합니다.

항저우에는 중국의 4대 미인 중 한 명인 서시(西施 Xīshī)의 이름을 따 지어진 시후(西湖 Xī Hú)가 있습니다. 사람들은 시후의 어마어마한 크기에 놀라고 아름다운 경치에 또 한 번 놀란다고 하네요.

항저우의 시후(西湖)

중국의 4대 미인 중 한 명인 서시(西施)

首尔跟北京一样冷吗?

Shǒu'ěr gēn Běijīng yíyàng lěng ma?

서울은 베이징처럼 춥나요?

학습 미션

회화 날씨를 말할 수 있다
비교 표현을 말할 수 있다

어법 比 / 跟……一样

회화★1

☐☐ 比　　　bǐ　　　〔개〕~보다 〔동〕비교하다

☐☐ 雪　　　xuě　　　〔명〕눈

　　✚ 下雪 xià xuě 눈이 내리다 ｜ 雪人 xuěrén 눈사람

☐☐ 一样　　yíyàng　　〔형〕같다

　　✚ 跟……一样 gēn……yíyàng ~와 같다

☐☐ 没有　　méiyǒu　　〔동〕~만 못하다, ~에 못 미치다

회화★2

☐☐ 一定　　　yídìng　　　〔부〕반드시, 꼭

☐☐ 堆雪人　　duī xuěrén　눈사람을 만들다

☐☐ 打雪仗　　dǎ xuězhàng　눈싸움을 하다

☐☐ 怕冷　　　pà lěng　　추위를 타다

　　✚ 怕热 pà rè 더위를 타다

☐☐ 天气预报　tiānqì yùbào　〔명〕일기 예보

☐☐ 暖和　　　nuǎnhuo　　〔형〕따뜻하다

　　✚ 凉快 liángkuai 선선하다, 시원하다

☐☐ 相信　　　xiāngxìn　　〔동〕믿다

Track 11-02

회화★1 서울과 베이징의 겨울

小美 今天天气真冷，比^❶昨天冷吧?
Jīntiān tiānqì zhēn lěng, bǐ zuótiān lěng ba?

大韩 我也觉得今天比昨天冷。
Wǒ yě juéde jīntiān bǐ zuótiān lěng.

小美 听说首尔去年的雪很大。今年呢?
Tīngshuō Shǒu'ěr qùnián de xuě hěn dà. Jīnnián ne?

大韩 今年的雪比去年更大。
Jīnnián de xuě bǐ qùnián gèng dà.

小美 首尔跟北京一样^❷冷吗?
Shǒu'ěr gēn Běijīng yíyàng lěng ma?

大韩 不，首尔没有北京冷。
Bù, Shǒu'ěr méiyǒu Běijīng lěng.

회화 ★ 2　날씨 이야기

马克　昨天晚上下大雪了，外面都是雪。
Zuótiān wǎnshang xià dàxuě le, wàimian dōu shì xuě.

安娜　是吗？ 现在外边儿一定很漂亮。
Shì ma?　Xiànzài wàibianr yídìng hěn piàoliang.

马克　我们出去堆雪人、打雪仗，怎么样？
Wǒmen chūqu duī xuěrén、dǎ xuězhàng, zěnmeyàng?

安娜　我不想去。我怕冷。
Wǒ bù xiǎng qù.　Wǒ pà lěng.

马克　天气预报说今天比昨天暖和。我们出去吧!
Tiānqì yùbào shuō jīntiān bǐ zuótiān nuǎnhuo. Wǒmen chūqu ba!

安娜　我不相信天气预报。
Wǒ bù xiāngxìn tiānqì yùbào.

중국 속으로!

중국의 일기 예보를 들어 보세요

중국의 일기 예보는 지역을 동서남북으로 나누어 날씨를 알려 준 다음, 주요 도시의 기온과 날씨를 알려 줍니다. 일기 예보에서 비나 눈의 양은 大, 中, 小를 사용하여 大雨, 小雪 등으로 나타내고, 구름과 안개는 多, 少를 써서 多云(duō yún 구름 많음), 少雾(shǎo wù 안개 옅음) 등으로 나타냅니다. 날씨가 변할 때는 转(zhuǎn 돌다, 바꾸다)을 사용하여 阴转多云(yīn zhuǎn duō yún 흐리다 구름 많아짐)으로 표현합니다.

1 比

비교는 개사 比를 사용하여 표현할 수 있습니다.

■ 기본 형식

> A + 比 + B + 술어(형용사) : A가 B보다 ~합니다

今天比昨天热。　　　　　　오늘은 어제보다 덥습니다.
Jīntiān bǐ zuótiān rè.

超市比百货商店便宜。　　　슈퍼마켓은 백화점보다 쌉니다.
Chāoshì bǐ bǎihuò shāngdiàn piányi.

비교문에서는 정도부사 很, 非常, 太는 사용할 수 없고, 정도의 비교를 나타내는 부사인 还나 更을 사용해야 합니다.

> A + 比 + B + 还/更 + 술어(형용사) : A가 B보다 더 ~합니다

飞机比火车还快。　　　　　비행기는 기차보다 더 빠릅니다.
Fēijī bǐ huǒchē hái kuài.

我家比他家更远。　　　　　우리 집은 그의 집보다 훨씬 멉니다.
Wǒ jiā bǐ tā jiā gèng yuǎn.

■ 부정문

비교문을 부정할 때는 没有를 사용합니다. 이때 没有는 '없다'라는 뜻이 아니라 '~만큼 ~하지 않다'라는 의미입니다.

> A + 没有 + B + 술어(형용사) : A는 B만큼 ~하지 않습니다

这个没有那个好看。　　　　이것은 저것만큼 예쁘지 않습니다.
Zhège méiyǒu nàge hǎokàn.

首尔没有北京大。　　　　　서울은 베이징만큼 크지 않습니다. (❶ 베이징이 서울보다 크다)
Shǒu'ěr méiyǒu Běijīng dà.

2 跟……一样

'A跟B一样'은 'A와 B가 같다'는 뜻으로, 두 대상의 비교 결과가 동일할 때 사용합니다. 두 대상이 동일하지 않을 때는 'A跟B不一样'을 사용합니다.

■ 비교의 결과를 표현할 때

> A + 跟 + B + 一样/不一样 : A는 B와 같습니다/같지 않습니다

她的衣服跟我的一样。　　　그녀의 옷은 내 것과 같습니다.
Tā de yīfu gēn wǒ de yíyàng.

他的书跟我的不一样。　　　그의 책은 내 것과 같지 않습니다.
Tā de shū gēn wǒ de bù yíyàng.

■ 비교의 결과를 구체적으로 표현할 때

> A + 跟 + B + 一样 + 형용사 : A는 B처럼 ~합니다

今天跟昨天一样热。　　　　오늘은 어제처럼 덥습니다.
Jīntiān gēn zuótiān yíyàng rè.

这本书跟那本书一样有意思。　이 책은 저 책처럼 재미있습니다.
Zhè běn shū gēn nà běn shū yíyàng yǒu yìsi.

☑ 바로바로 체크   제시된 단어를 배열하여 문장을 만드세요. ─────

① 我　手机　一样　的　跟　你的

⇢ _____

② 他　你　跟　认真　一样　学习

⇢ _____

베이징의 겨울 날씨

Track 11-04

这几天北京的天气很冷，常常下大雪。听大韩说，
Zhè jǐ tiān Běijīng de tiānqì hěn lěng, chángcháng xià dà xuě. Tīng Dàhán shuō,

今年首尔的雪比去年更大。不过首尔的冬天没有北京冷。
jīnnián Shǒu'ěr de xuě bǐ qùnián gèng dà. Búguò Shǒu'ěr de dōngtiān méiyǒu Běijīng lěng.

现在大韩穿的衣服不太多，跟在首尔一样。所以他觉得
Xiànzài Dàhán chuān de yīfu bú tài duō, gēn zài Shǒu'ěr yíyàng. Suǒyǐ tā juéde

特别冷。明天小美打算陪大韩去买一件大衣。
tèbié lěng.　Míngtiān Xiǎoměi dǎsuan péi Dàhán qù mǎi yí jiàn dàyī.

 대답해 보세요

① 这几天北京的天气怎么样？
② 首尔今年的雪大还是去年的雪大？

· 这几天 zhè jǐ tiān 요 며칠
· 陪 péi 동 동반하다, 함께 가다
· 大衣 dàyī 명 외투

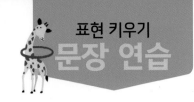

표현 키우기
문장 연습

Track 11-05

➕ 제시된 표현을 자연스럽게 따라 읽으며 중국어 문장을 익혀 보세요.

❶ 今天比昨天　冷　。
Jīntiān bǐ zuótiān　lěng

冷一点儿
lěng yìdiǎnr

更冷
gèng lěng

❷ A　首尔　比　北京　大　吗?
Shǒu'ěr　bǐ　Běijīng　dà　ma?

北京　　上海　热
Běijīng　　Shànghǎi　rè

B　首尔　没有　北京　大　。
Shǒu'ěr　méiyǒu　Běijīng　dà

北京　　上海　热
Běijīng　　Shànghǎi　rè

❸ 今天　跟　昨天　一样　热　。
Jīntiān　gēn　zuótiān　yíyàng　rè

你的汉语　中国人　好
Nǐ de Hànyǔ　Zhōngguórén　hǎo

你买的　我的　便宜
Nǐ mǎi de　wǒ de　piányi

💬 **다음을 중국어로 말해 보세요.**

· 올해는 작년보다 훨씬 덥습니다.

· 저의 중국어는 그녀만큼 잘하지 않습니다.

· 저는 형처럼 키가 큽니다.

그림 보고 말하기
회화 익히기

Track 11-06

➕ 다음 그림을 보고 〈보기〉와 같이 문장을 만들어 보세요.

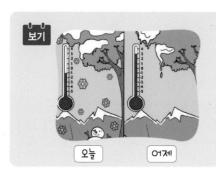

보기

오늘　　어제

今天冷还是昨天冷?
오늘이 추워요 아니면 어제가 추워요?

➡ 今天比昨天冷。
오늘이 어제보다 추워요.

➡ 昨天没有今天冷。
어제는 오늘만큼 춥지 않았어요.

---

❶

大韩高还是马克高?

➡ ＿＿＿＿＿比＿＿＿＿＿＿。

➡ ＿＿＿＿＿没有＿＿＿＿＿＿。

---

❷

飞机快还是火车快?

➡ ＿＿＿＿＿比＿＿＿＿＿＿。

➡ ＿＿＿＿＿没有＿＿＿＿＿＿。

---

❸

￥290.00　￥350.00

裤子贵还是裙子贵?

➡ ＿＿＿＿＿比＿＿＿＿＿＿。

➡ ＿＿＿＿＿没有＿＿＿＿＿＿。

Track 11-07

1 녹음을 듣고 질문에 알맞은 답을 고르세요.

① 他的朋友和大韩谁大?

Ⓐ 他的朋友比大韩大 Ⓑ 他的朋友比大韩小

Ⓒ 他的朋友跟大韩一样大 Ⓓ 他的朋友跟大韩一样小

② 他的朋友和大韩谁高?

Ⓐ 他的朋友比大韩高 Ⓑ 他的朋友比大韩矮

Ⓒ 他的朋友跟大韩一样高 Ⓓ 他的朋友跟大韩一样矮

2 〈보기〉의 내용을 참고하여 날씨에 관한 대화를 연습해 보세요.

 보기

A 今天天气真冷，比昨天冷吧?

B 我也觉得今天比昨天冷。

A 首尔跟北京一样冷吗?

B 不，首尔没有北京冷。

① 哈尔滨 / 上海

昨天	昨天
−13℃	9℃
今天	今天
−18℃	3℃

② 杭州 / 昆明

昨天	昨天
32℃	26℃
今天	今天
37℃	28℃

3 다음 문장을 바르게 고치세요.

❶ 北京没有上海不热。

﹌﹢ _____ 。

❷ 你的电脑跟我的电脑好看一样。

﹌﹢ _____ 。

❸ 你的手机比我的手机没有贵。

﹌﹢ _____ 。

4 제시된 표현을 사용하여 다음 문장을 중국어로 써보세요.

❶ 오늘은 어제만큼 덥지 않습니다. (没有)

﹌﹢ _____ 。

❷ 저희 엄마는 저보다 훨씬 바쁘십니다. (比, 更)

﹌﹢ _____ 。

❸ 오늘은 어제와 같이 따뜻합니다. (跟……一样)

﹌﹢ _____ 。

❹ 사과(苹果)는 바나나(香蕉)보다 더 비쌉니다. (比, 还)

﹌﹢ _____ 。

단어 杭州 Hángzhōu 고유 항저우, 항주 | 昆明 Kūnmíng 고유 쿤밍, 곤명

Track 11-08

晴天 qíngtiān

맑은 날씨

阴天 yīntiān

흐린 날씨

彩虹 cǎihóng

무지개

闪电 shǎndiàn

번개

沙尘暴 shāchénbào

황사

台风 táifēng

태풍

중국의 기후

하얼빈의 빙설제(冰雪节)

중국은 땅이 넓어 여러 가지 기후를 볼 수 있습니다. 중국의 동북 지역은 춥고 건조한데, 특히 하얼빈(哈尔滨 Hā'ěrbīn)은 날씨가 매우 추워 매년 빙등제(冰灯节 Bīngdēng Jié)와 빙설제(冰雪节 Bīngxuě Jié)를 개최합니다. 베이징은 우리나라처럼 사계절이 있습니다. 대륙성 기후이기 때문에 여름에는 덥고 겨울에는 추워 연교차와 일교차가 무척 크답니다.

반면 중국의 남부 지역은 1월에도 평균 20도가 넘어, 이곳에서는 겨울에도 눈이 내리지 않고 날씨가 덥기 때문에 야자수를 흔히 볼 수 있습니다.

1년 중 최고 기온이 30도 이상인 날씨가 70일 이상 지속되고 40도 이상의 고온이 발생하는 3대 도시를 '3대 화로(三大火炉 sān dà huǒlú)'라고 부릅니다. 3대 화로는 원래 충칭(重庆 Chóngqìng), 우한(武汉 Wǔhàn), 난징(南京 Nánjīng)이었는데, 요즘은 이곳보다 더 더운 지역이 많아 3대 화로라는 이름이 무색할 정도라고 하네요.

중국의 서부 지역은 건조해서 사막이 발달되어 있는데, 칭짱고원(青藏高原 Qīngzàng Gāoyuán)에서는 사막, 오아시스와 낙타를 볼 수 있답니다.

야자수가 펼쳐진 남부 지역

칭짱고원(青藏高原)

我们一起去上海玩儿吧!

Wǒmen yìqǐ qù Shànghǎi wánr ba!

우리 함께 상하이로 놀러 가요!

학습 미션

회화　여행 계획을 말할 수 있다
　　　　동작과 상태의 변화를 말할 수 있다

어법　어기조사 了⑵ / 형용사 중첩 / 快……了

회화★1

☐☐	留学生活	liúxué shēnghuó	유학 생활
	✦ 日常生活	rìcháng shēnghuó	일상생활
☐☐	习惯	xíguàn	몡 습관, 버릇 퉁 습관이 되다, 적응하다, 익숙해지다
☐☐	慢慢儿	mànmānr	띁 천천히
☐☐	快……了	kuài……le	막 ~하려고 하다
☐☐	回国	huí guó	퉁 귀국하다
☐☐	旅游	lǚyóu	퉁 여행하다
☐☐	外滩	Wàitān	고유 와이탄[지명]

회화★2

☐☐	计划	jìhuà	몡퉁 계획(하다)
☐☐	四天三夜	sì tiān sān yè	3박 4일
	✦ 天 tiān 하루, 날 | 夜 yè 밤		
☐☐	出发	chūfā	퉁 출발하다
☐☐	美食	měishí	몡 미식, 맛있는 음식
☐☐	风景	fēngjǐng	몡 경치, 풍경
☐☐	购物	gòuwù	퉁 쇼핑하다
	✦ 购物狂 gòuwùkuáng 쇼핑광		

Track 12-02

회화 ★ 1 귀국 전 계획 세우기

安娜　北京的留学生活习惯了❶吗?
Běijīng de liúxué shēnghuó xíguàn le ma?

大韩　开始不习惯，现在慢慢儿❷习惯了。
Kāishǐ bù xíguàn, xiànzài mànmānr xíguàn le.

安娜　快回国了❸，回国以前你打算做什么?
Kuài huí guó le, huí guó yǐqián nǐ dǎsuan zuò shénme?

大韩　我打算跟朋友去上海旅游。
Wǒ dǎsuan gēn péngyou qù Shànghǎi lǚyóu.

安娜　听说上海的外滩很好看。
Tīngshuō Shànghǎi de Wàitān hěn hǎokàn.

大韩　你也去吧。　我们一起去上海玩儿吧!
Nǐ yě qù ba.　　Wǒmen yìqǐ qù Shànghǎi wánr ba!

회화★2 상하이 여행 계획

安娜
我们的上海旅游计划你做好了吗?
Wǒmen de Shànghǎi lǚyóu jìhuà nǐ zuòhǎo le ma?

大韩
快做好了。我们玩儿四天三夜，1号晚上出发，
Kuài zuòhǎo le. Wǒmen wánr sì tiān sān yè, yī hào wǎnshang chūfā,

4号下午回来，怎么样?
sì hào xiàwǔ huílai, zěnmeyàng?

安娜
不错。那我们都做什么呢?
Búcuò. Nà wǒmen dōu zuò shénme ne?

大韩
又去吃美食，又去看风景。
Yòu qù chī měishí, yòu qù kàn fēngjǐng.

安娜
还有，一定要去购物。
Háiyǒu, yídìng yào qù gòuwù.

大韩
你真是个购物狂!
Nǐ zhēn shì ge gòuwùkuáng!

중국 속으로!

상하이 와이탄으로!

상하이 여행에서 놓치면 안 되는 필수 코스 중 하나가 바로 와이탄(外滩 Wàitān)이에요. 특히 와이탄의 야경은 아름답기로 유명하지요. 와이탄에서는 황푸강(黄浦江 Huángpǔ Jiāng) 맞은편에 있는 둥팡밍주(东方明珠 Dōngfāng Míngzhū) TV 타워를 볼 수 있는데, 이 풍경은 유명해서 중국 드라마나 영화에서도 자주 등장해요. 과거 상하이가 외국의 조계지였기 때문에 황푸강을 따라 늘어선 유럽풍의 이국적인 건축물도 볼 수 있답니다.

1 어기조사 了(2)

문장의 마지막에 어기조사 了가 오는 경우, 상황에 변화가 생겼음을 의미합니다. 여기서 了는 동작의 완료와 관계가 없습니다.

我走了。
Wǒ zǒu le.
저는 가겠습니다. (◑ 가는 동작이 완료된 것은 아님)

他又哭了。
Tā yòu kū le.
그는 또 울기 시작했습니다. (◑ 우는 동작이 완료된 것은 아님)

刮风了。
Guā fēng le.
바람이 불기 시작했습니다. (◑ 바람이 불지 않다가 불기 시작함)

＊ 어기조사 了(1) ◑ 60쪽 참고

> **TIP**
>
> **형용사+了**
> 형용사 뒤에 어기조사 了가 오는 경우에도 상황의 변화를 의미합니다.
>
> 天气冷了。 날씨가 추워졌습니다.
> Tiānqì lěng le.
>
> 脸红了。 얼굴이 빨개졌습니다.
> Liǎn hóng le.

 바로바로 체크　다음 사진을 보고 了를 사용하여 질문에 답해 보세요.

①

A 外边儿怎么了?

B ＿＿＿＿＿＿＿＿。

②

A 苹果怎么了?

B ＿＿＿＿＿＿＿＿。

2 형용사 중첩

일부 형용사는 중첩하여 사용할 수 있습니다. 중첩하면 성질이나 정도가 심함을 나타내어 很을 붙인 것과 같은 의미가 됩니다. 형용사를 중첩할 경우 형식은 다음과 같습니다.

단음절 형용사 (AA)	두 번째 음절은 제1성으로 바뀌고 뒤에 儿을 붙입니다. 예 好好儿 hǎohāor ㅣ 慢慢儿 mànmānr
이음절 형용사 (AABB)	두 번째 음절은 가볍게 읽고 강세는 끝에 둡니다. 예 高高兴兴 gāogāoxìngxìng ㅣ 清清楚楚 qīngqingchǔchǔ

你好好儿休息。　　　　당신은 푹 쉬세요.
Nǐ hǎohāor xiūxi.

他说得清清楚楚。　　　그는 아주 정확하게 말합니다.
Tā shuō de qīngqingchǔchǔ.

동사 중첩

동사를 중첩하면 형용사 중첩과 반대로 동작이 가벼움을 의미합니다.

你听听吧。 당신이 좀 들어 보세요.
Nǐ tīngting ba.

你尝尝吧。 당신이 맛 좀 보세요.
Nǐ chángchang ba.

＊ 동사 중첩 ○ 76쪽 참고

☑ 바로바로 체크　　　다음 문장을 바르게 고치세요.

① 她今天穿得很漂漂亮亮的。　　⇨ _____

② 你慢一慢说吧。　　　　　　　⇨ _____

단어　哭 kū 동 울다 ㅣ 刮风 guā fēng 동 바람이 불다 ㅣ 脸 liǎn 명 얼굴 ㅣ 红 hóng 형 붉다, 빨갛다 ㅣ 清楚 qīngchu 형 분명하다, 명확하다 ㅣ 尝 cháng 동 맛보다

3 快……了

'快……了'는 '막 ~하려고 하다'라는 의미로, 상황이 곧 발생할 것임을 나타낼 때 사용합니다. 이때의 了는 어기조사입니다. '快……了' 외에도 '要……了', '就要……了', '快要……了'를 사용할 수 있습니다.

火车快开了。　　　　기차가 곧 떠납니다.
Huǒchē kuài kāi le.

我快要毕业了。　　　　저는 곧 졸업합니다.
Wǒ kuàiyào bì yè le.

☑ **바로바로 체크**　　다음 문장을 중국어로 써보세요.

① 要＿＿＿＿＿＿了，我们快点儿＿＿＿＿＿＿吧。
　　곧 비가 오려고 해요.　　우리 빨리 집으로 돌아가요.

② 就要＿＿＿＿＿＿＿＿了，我打算＿＿＿＿＿＿＿＿＿＿。
　　곧 엄마 생신이에요.　　　　　　저는 엄마에게 선물을 사드릴 계획이에요.

단어　毕业　bì yè　통 졸업하다

대한이의 여행 계획

Track 12-04

大韩来北京已经一年了。最近他慢慢儿习惯了在中国
Dàhán lái Běijīng yǐjīng yì nián le. Zuìjìn tā mànmānr xíguànle zài Zhōngguó

的留学生活。他在中国认真学习汉语，而且常常去旅游。
de liúxué shēnghuó. Tā zài Zhōngguó rènzhēn xuéxí Hànyǔ, érqiě chángcháng qù lǚyóu.

快回国了，听说上海的外滩很好看，所以大韩打算回
Kuài huí guó le, tīngshuō Shànghǎi de Wàitān hěn hǎokàn, suǒyǐ Dàhán dǎsuan huí

国以前跟朋友去上海玩儿玩儿。
guó yǐqián gēn péngyou qù Shànghǎi wánrwanr.

安娜一次也没去过上海，她也很想去上海看看。
Ānnà yí cì yě méi qùguo Shànghǎi, tā yě hěn xiǎng qù Shànghǎi kànkan.

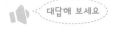
대답해 보세요

· 而且 érqiě 접 게다가, 또한

① 大韩来北京多长时间了?
② 安娜去过上海吗?

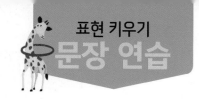

Track 12-05

➕ 제시된 표현을 자연스럽게 따라 읽으며 중국어 문장을 익혀 보세요.

1 A 你 习惯 了吗?
Nǐ xíguàn le ma?

　　下班
　　xià bān

B 我已经 习惯 了。
Wǒ yǐjīng xíguàn le.

　　　　下班
　　　　xià bān

2 你慢慢儿 说 吧。
Nǐ mànmānr shuō ba.

　　　　吃
　　　　chī

　　　　来
　　　　lái

3 快 回国 了。
Kuài huí guó le.

　　到国庆节
　　dào Guóqìng Jié

　　(要)开车
　　(yào) kāi chē

· 国庆节 Guóqìng Jié 명 국경절
[10월 1일로 중화인민공화국의
건국 기념일]

💬 **다음을 중국어로 말해 보세요.**

· 지금 저는 그를 좋아하지 않게 되었습니다.

· 서두르지(急 jí) 말고, 당신은 천천히 드세요.

· 날씨가 추워졌습니다. 곧 눈이 오려고 합니다.

➕ 다음 그림을 보고 〈보기〉와 같이 문장을 만들어 보세요.

보기

快回国了，我要去上海玩儿。
곧 귀국해서, 저는 상하이에 놀러 가려고 합니다.

❶

快＿＿＿＿＿＿了，

我要＿＿＿＿＿。

❷

快＿＿＿＿＿＿了，

我要＿＿＿＿＿。

❸

快＿＿＿＿＿了，

我要＿＿＿＿＿。

❹

快＿＿＿＿＿了，

我要＿＿＿＿＿。

단어 晚饭 wǎnfàn 명 저녁밥, 저녁 식사

Track 12-07

1 녹음을 듣고 질문에 알맞은 답을 고르세요.

❶ 女的什么时候回国?

ⓐ 这个星期一 　　　　　ⓑ 这个周末
ⓒ 下个星期一 　　　　　ⓓ 下个月

❷ 男的打算去哪儿旅游?

ⓐ 上海 　　ⓑ 台湾 　　ⓒ 日本 　　ⓓ 美国

2 〈보기〉의 내용을 참고하여 여행 계획에 관한 대화를 연습해 보세요.

> 보기 　A 快回国了。回国以前你打算做什么?
>
> 　　　 B 我打算跟朋友去<u>上海旅游</u>。
>
> 　　　 A 你要去多长时间?
>
> 　　　 B 我要去<u>四天三夜</u>。
>
> 　　　 A 你打算做什么?
>
> 　　　 B 我打算又<u>吃美食</u>又<u>看风景</u>。

❶

四川/三天两夜

❷

济州岛/五天四夜

3 了에 유의하여 다음 문장을 해석해 보세요.

① 弟弟今年十八岁了。

⋯⋯▸ _____

② 现在下雨了。

⋯⋯▸ _____

③ 最近他吃得很多, 胖了。

⋯⋯▸ _____

4 제시된 표현을 사용하여 다음 문장을 중국어로 써보세요.

① 그는 곧 귀국합니다. (快要……了)

⋯⋯▸ _____ 。

② 당신은 천천히 보세요. (慢慢儿)

⋯⋯▸ _____ 。

③ 지하철이 곧 도착합니다. (快……了)

⋯⋯▸ _____ 。

④ 당신은 미국에서 생활하는 것이 익숙해졌습니까(习惯)? (了)

⋯⋯▸ _____ ?

단어 四川 Sìchuān 고유 쓰촨, 사천 | 济州岛 Jìzhōudǎo 고유 제주도 | 海 hǎi 명 바다 | 胖 pàng 형 (몸이) 뚱 뚱하다

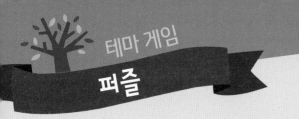

★ 가로세로 열쇠를 풀어 중국어로 퍼즐을 완성하세요.

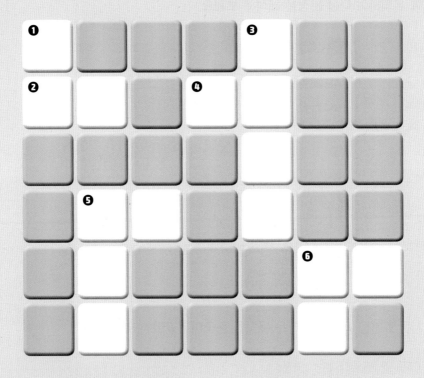

가로 열쇠

❷ 믿다

❹ 운, 운수

❺ 듣자 하니

❻ 首尔跟北京□□冷吗?

세로 열쇠

❶ 사진을 찍다

❸ 일기 예보

❺ 老师说的汉语，你□□□吗?

❻ 반드시, 꼭

보기

听得懂　照相　天气预报　一样　相信　一定　运气　听说

정답 → 203쪽

중국
문화

중국의 여행 명소 2
九寨沟, 桂林

베이징의 고궁(故宫)

중국의 수도인 베이징의 고궁, 이허위안, 만리장성과 상하이는 중국인들도 자주 찾는 관광지인데, 이외에도 중국인들이 좋아하는 관광지가 많습니다.

1992년 유네스코 세계 자연 유산에 등재된 주자이거우(九寨沟 Jiǔzhàigōu)는 '황산에 가보면 다른 산이 눈에 들어오지 않고, 주자이거우에 가보면 다른 물은 눈에 들어오지 않는다(黄山归来不看山, 九寨归来不看水 Huángshān guī lái bú kàn shān, Jiǔzhài guī lái bú kàn shuǐ)'라는 말이 있을 정도로 아름다운 풍경을 자랑합니다. 주자이거우는 해발 1,990~3,150m에 위치하고 있는데, 바닥이 훤히 보일 정도로 맑고 형형색색의 물빛이 사람들의 감탄을 자아내게 합니다.

'구이린의 산수는 천하 제일이다(桂林山水甲天下 Guìlín shānshuǐ jiǎ tiānxià)'라는 말처럼 구이린(桂林 Guìlín)의 풍경은 아름답기로 유명합니다. 아름다운 구이린의 절경을 보고 있으면 마치 신선의 세계에 들어온 듯한 착각이 들 정도라고 합니다. 빼어난 경치를 자랑하는 만큼 시인과 화가들의 영감을 자극해 많은 작품의 배경이 되기도 했습니다.

유네스코 세계 자연 유산인 주자이거우(九寨沟)

아름다운 절경을 자랑하는 구이린(桂林)

부록

CHAPTER 01

我来介绍一下。
제가 소개를 좀 하겠습니다.

참 쉬운 회화

회화 1

왕 선생님 여러분, 안녕하세요! 오늘은 여러분이 자기소개를 좀 해볼게요.

마크 제가 소개를 좀 하겠습니다. 저는 마크라고 하고요, 미국인입니다.

대한 저는 이씨고, 이대한이라고 합니다. 올해 22살이에요. 이분은……

루시 저는 루시라고 합니다. 보아하니 당신은 한국 유학생이군요.

대한 네. 당신을 알게 되어 기뻐요. 잘 부탁합니다.

루시 당신들을 알게 되어 저도 기뻐요.

회화 2

대한 안녕! 다시 만나게 되어 기뻐.

루시 나도. 지난번에 너는 올해 22살이라고 한 것 같은데, 맞지?

대한 맞아. 보아하니 너는 어려 보이는데, 올해 나이가 어떻게 되니?

루시 나는 너와 동갑이야. 올해 22살이고, 개띠야.

대한 그래? 그럼 우리 친구하자.

루시 너무 잘됐다.

실력 다지기 어법

1 ❶ 你说一下吧。 ❷ 写一下你的名字。

2 ❶ B ❷ A

3 ❶ 个 ❷ 位

4 ❶ 看起来今天天气很好。

❷ 看起来她很高兴。

참 쉬운 이야기

저는 대한이라고 합니다. 올해 22살이고, 한국인입니다. 베이징에 중국어를 배우러 왔습니다.

오늘은 첫 번째로 수업을 하는 날입니다. 저와 학우가 자기소개를 합니다. 루시라고 하는 친구가 있는데, 프랑스 여자아이로 예쁩니다.

우리들의 선생님은 왕리라고 합니다. 올해 35살이고, 베이징에서 중국어를 가르치십니다. 보아하니, 그녀는 매우 똑똑한 분인 것 같습니다.

대답해 보세요

① 大韩今年22岁。

② 大韩和同学自我介绍。

표현 키우기 문장 연습

❶ 제가 소개를 좀 하겠습니다.
제가 좀 보겠습니다.
제가 좀 말씀드리겠습니다.

❷ A 이분은 누구십니까?
저분은 누구십니까?
B 이분은 저의 중국어 선생님입니다.
저분은 저의 영어 선생님입니다.

❸ 보아하니 당신은 한국 유학생이군요.
보아하니 당신은 중국어 선생님이군요.
보아하니 당신은 미국인이군요.

다음을 중국어로 말해 보세요.

• 我来写一下。

• 这位是我的日语老师。

• 看起来，你是英国人吧?

1　❶ 他今年22岁。

　　❷ 他来北京学汉语。

　　❸ 他是大学生。

2　❶ 她是法国人。

　　❷ 她坐飞机来北京。

　　❸ 现在她在机场。

실력 쌓기 **연습문제**

1　❶ D　　❷ B

> 녹음 원문
>
> 大韩　你好！我叫李大韩。认识你很高兴！
>
> 玛丽　认识你我也很高兴！我叫玛丽。你是哪国人？
>
> 大韩　我是韩国人。看起来，你是美国人吧？
>
> 玛丽　不，我不是美国人，是英国人。
>
> 大韩　你来中国做什么？
>
> 玛丽　我来中国学汉语。

2 我来介绍一下。我叫(金英爱/杰克/山本)，今年(21/34/25)岁，是(韩国人/英国人/日本人)，(来北京学汉语/来北京教英语/来北京学汉语)。请多多关照。

3　❶ 这位是我的爷爷。

　　❷ 看起来，你不是韩国留学生。

　　❸ 我叫大韩，来北京学汉语。

4　❶ 看起来，你是韩国留学生吧？

　　❷ 那位老师不是韩国人，是中国人。

　　❸ 我跟你同岁，属狗。

　　❹ 我来自我介绍一下。

你现在住在哪儿?

당신은 지금 어디에 사나요?

참 쉬운 **회화**

회화·1

왕 선생님　너는 지금 어디에 사니?

대한　　　저는 유학생 기숙사에 살아요.

왕 선생님　조건은 어떠니?

대한　　　조건은 괜찮아요. 방이 크지도 않고 작지도 않아요.

왕 선생님　생활은 편하니, 편하지 않니?

대한　　　편해요. 상점, 은행이 모두 근처에 있는데, 단지 조금 시끄러워요.

회화·2

안나　안녕하세요! 저는 집을 보고 싶은데요.

직원　당신은 좀 큰 곳을 원하시나요, 아니면 좀 작은 곳을 원하시나요?

안나　저는 면적도 크고 교통도 편리한 곳을 원해요.

직원　당신이 보시기에 이 집은 어때요?

안나　괜찮아 보여요. 그럼 집세는 한 달에 얼마예요?

직원　한 달에 3000위안이에요.

실력 다지기 **어법**

1　❶ B　　　　　　❷ C

2　❶ 大，小　　　❷ 难，容易

3　❶ 有点儿，一点儿

　　❷ 有点儿，一点儿

4　❶ 你买裤子还是买裙子？

　　❷ 你喜欢看电视还是喜欢看电影？

참 쉬운 이야기

대한이는 학교 기숙사에 삽니다. 그는 2인실에 사는데, 조건이 꽤 괜찮습니다.

방은 크지도 않고 작지도 않습니다. 안에는 침대, 텔레비전, 냉장고 그리고 에어컨이 있습니다. 기숙사 근처에는 은행, 상점, 식당이 있어 매우 편리합니다.

대한이는 마크라고 하는 룸메이트가 있습니다. 마크는 미국인이고 키가 매우 크며 중국어를 잘합니다. 그들은 모두 베이징에 사는 것을 좋아합니다.

🔊 대답해 보세요

① 大韩的房间里有床、电视、冰箱和空调。
② 马克是大韩的同屋，他是美国人，个子很高，他的汉语很不错。

표현 키우기 문장 연습

❶ 저는 유학생 기숙사에 삽니다.
저는 베이징에 삽니다.
저는 학교 근처에 삽니다.

❷ 괜찮네요, 방이 크지도 않고 작지도 않아요.
괜찮네요, 키가 크지도 않고 작지도 않아요.
괜찮네요, 이 스웨터는 비싸지도 않고 싸지도 않아요.

❸ 상점, 은행은 모두 근처에 있는데, 단지 조금 시끄러워요.
상점, 은행은 모두 근처에 있는데, 단지 조금 비싸요.
상점, 은행은 모두 근처에 있는데, 단지 조금 멀어요.

💬 다음을 중국어로 말해 보세요.

•我住在上海。

•我买的电视不大也不小。
•这件衣服很好看，就是有点儿贵。

회화 익히기 그림 보고 말하기

❶ 很不错，不冷也不热。
❷ 很不错，不贵也不便宜。
❸ 很不错，不高也不矮。

실력 쌓기 연습문제

1 ❶ B　　❷ A

> 녹음 원문
>
> 女　你在中国的生活方便吗？
> 男　很方便。商店、银行、书店都在我家附近。
> 女　你在中国学汉语怎么样？
> 男　很有意思。我有很多中国朋友。就是……
> 女　就是什么？
> 男　就是我没有女朋友。

2 A 你现在住在哪儿？
B 我住在(公寓/学校宿舍)。
A 生活方便不方便？
B 很方便。商店、银行都在附近，就是(有点儿贵/有点儿小)。

3 ❶ 住在　　　　❷ 还是
❸ 有点儿　　　　❹ 不，也不

4 ❶ 我住在公司附近。
❷ 我们学校不大也不小。
❸ 天气很好，就是有点儿热。
❹ 你们公司的条件怎么样？

你看过这部电影吗?

당신은 이 영화를 본 적 있나요?

참 쉬운 **회화**

회화 · 1

대한   너는 이 영화를 본 적 있니?

샤오메이   아직 못 봤어. 하지만 들어 본 적은 있어.

대한   난 한국에서 한 번 봤는데, 재미있어.

샤오메이   듣자 하니 너는 액션 영화를 굉장히 좋아한다던대, 나도 매우 보고 싶어.

대한   내일 우리 같이 보러 가자, 어때?

샤오메이   좋아.

회화 · 2

마크   이번 주 주말에 넌 뭐 하고 싶니?

안나   난 집에서 드라마를 보고 싶어.

마크   무슨 재미있는 드라마라도 있니?

안나   듣자 하니 「상견니」가 무척 재미있다고 하더라, 너 본 적 있어?

마크   본 적 없어, 나도 매우 보고 싶어. 그럼 우리 시간 내서 같이 보자.

안나   나아 당연히 좋지.

실력 다지기 **어법**

1 ❶ 吃过烤鸭吗? 吃过烤鸭没有?
　　→ 没吃过烤鸭。

　 ❷ 学过英语吗? 学过英语没有?
　　→ 没学过英语。

　 ❸ 看过熊猫吗? 看过熊猫没有?
　　→ 没看过熊猫。

2 ❶ 次   ❷ 次 / 遍   ❸ 遍

참 쉬운 **이야기**

이것은 유명한 한국 액션 영화입니다. 대한이는 영화 팬입니다. 그는 액션 영화 보는 것을 굉장히 좋아합니다.

대한이는 한국에서 이 영화를 본 적 있는데, 매우 재미있었습니다. 듣자 하니 샤오메이는 아직 본 적이 없어서, 매우 보고 싶어 한다고 합니다. 그래서 대한이는 샤오메이와 함께 이 영화를 보러 갈 생각입니다.

🔊 대답해 보세요

① 大韩觉得这部电影很有意思。

② 小美还没看过这部电影。

표현 키우기 **문장 연습**

❶ 저는 중국 영화를 본 적 있습니다.
　저는 한국 드라마를 본 적 있습니다.
　저는 영국 소설을 본 적 있습니다.

❷ A 당신은 이 영화를 본 적이 있습니까?
　　당신은 오리구이를 먹어 본 적이 있습니까?
　B 저는 이 영화를 본 적이 있습니다(없습니다).
　　저는 오리구이를 먹어 본 적이 있습니다(없습니다).

❸ 저는 한 번 본 적이 있습니다.
　저는 한 번 가본 적이 있습니다.
　저는 한 번 먹어 본 적이 있습니다.

💬 다음을 중국어로 말해 보세요.

• 我学过汉语。
• 你喝过中国酒吗?
• 我在北京吃过一次。

회화 익히기 그림 보고 말하기

❶ A 你在全聚德吃过烤鸭吗?

　　B 我在全聚德吃过一次。你呢?

　　A 我在全聚德没吃过,很想去全聚德吃烤鸭。

❷ A 你去过颐和园吗?

　　B 我去过两次。你呢?

　　A 我没去过,想去颐和园。

❸ A 你在王府井买过衣服吗?

　　B 我在王府井买过三次。你呢?

　　A 我在王府井没买过,很想去王府井买衣服。

실력 쌓기 연습문제

1 **❶** B　　**❷** B

> ── 녹음 원문 ──
>
> 姐姐 你吃过北京烤鸭吗?
>
> 弟弟 我还没吃过。姐姐你吃过吗?
>
> 姐姐 我吃过两次。非常好吃。今天晚上你跟我一起去吃烤鸭怎么样?
>
> 弟弟 对不起,今天晚上我有事儿。明天怎么样?
>
> 姐姐 好,我们明天几点去?
>
> 弟弟 晚上六点半吧。

　　☁ 단어 有事儿 yǒu shìr 일이 있다

2 A 你(去过香港/吃过烤鸭/学过法语)吗?

　　B 我还没(去过/吃过/学过),很想(去/吃/学)。

　　A 那我们找时间一起(去/吃/学)吧。

　　B 我当然好了。

3 **❶** 我们去过两次长城。/

　　　 我们去过长城两次。

❷ 他在中国坐过火车。

❸ 我没骑过自行车。

4 **❶** 我在中国看过几遍。

❷ 我吃过两次火锅。

❸ 他没学过汉语。

❹ 我的中国朋友没来过韩国。

CHAPTER 04

昨天我买了两条短裤。

어제 저는 반바지를 두 개 샀어요.

참 쉬운 회화

회화 1

대한　말씀 좀 묻겠습니다. 입어 봐도 되나요?

판매원　됩니다.

대한　이 반바지는 조금 커요, 좀 작은 것이 있나요?

판매원　있긴 있어요, 그러나 다른 색깔이에요.

대한　딱 맞네요. 좀 싸게 해줄 수 있나요?

판매원　죄송합니다. 저희 가게에서는 흥정할 수 없습니다.

회화 2

마크　주말에 나는 백화점에 옷 사러 갈 건데, 나와 함께 갈 수 있니?

대한　미안해, 어제 나는 이미 갔어.

마크　너는 뭘 샀니?

대한　나는 반바지를 두 개 샀어.

마크　그럼 이번 주말에 뭐 할 계획이니?

대한　다음 주 월요일에 시험이 있어. 나는 도서관에서 복습할 계획이야.

1 ❶ 我明天不能给你打电话。

  ❷ 我明天不忙，能见朋友。/

    我明天不忙，可以见朋友。

2 ❶ 周末我见朋友了。

  ❷ 昨天我没去看电影。

3 ❶ B ❷ B

4 ❶ 这个周末我打算去动物园看熊猫。

  ❷ 明年我打算去中国学汉语。

참 쉬운 이야기

  요즘 날씨가 비교적 더워서, 대한이는 옷 몇 벌을 사고 싶었습니다. 어제 그는 백화점에 가서 반바지 두 개를 샀습니다.

  오늘 마크가 주말에 함께 백화점에 가지 않겠냐고 대한이에게 물어봅니다. 아쉽게도 대한이는 갈 수 없습니다. 왜냐하면 다음 주 월요일에 시험이 있기 때문에, 그는 도서관에서 복습할 계획입니다.

🔊 대답해 보세요

① 昨天大韩去百货商店买了两条短裤。

② 这个周末大韩打算在图书馆复习，因为下个星期一他有考试。

표현 키우기 문장 연습

❶ 죄송하지만, 어제 저는 이미 갔습니다.

  죄송하지만, 어제 저는 이미 샀습니다.

  죄송하지만, 어제 저는 이미 먹었습니다.

❷ A 당신은 밥 먹었어요?

    당신은 수업이 끝났어요?

  B 저는 아직 안 먹었어요. /

저는 이미 먹었어요.

저는 아직 수업이 안 끝났어요. /

저는 이미 수업이 끝났어요.

❸ 저는 내년에 베이징으로 중국어를 배우러 갈 계획입니다.

  저는 내년에 영국으로 영어를 배우러 갈 계획입니다.

  저는 내년에 상하이에서 대학교를 다닐 계획입니다.

💬 다음을 중국어로 말해 보세요.

• 不好意思，昨天我已经看了。

• 我爸爸还没下班。

• 我明年打算去台湾玩儿。

회화 익히기 그림 보고 말하기

❶ 安娜打算下午两点给大韩打电话。

❷ 马克打算星期一跟王老师学汉语。

❸ 小美打算明年去美国学英语。

실력 쌓기 연습문제

1 ❶ C ❷ A

┌─ 녹음 원문 ─────────────────┐

男 小姐，我想看看那件毛衣。

女 这件毛衣很好看。你可以试试。

男 我觉得有点儿大。有没有小一点儿的?

女 有，那你再试试这件。

男 这件正好，多少钱一件?

女 三百八。

└──────────────────────────┘

☁ 단어 小姐 xiǎojiě 몡 아가씨

2 A 请问，可以试穿吗？

B 可以。

A (这条裙子/这双鞋)有点儿(短/小)，有(长一点儿/大一点儿)的吗？

B 有，那您再试试这(条/双)。

A 正合适。多少钱一(条/双)？

B (两百四十九/三百七十九)。

3 ❶ 了　　❷ 过　　❸ 了

4 ❶ 今天早上我喝了一杯牛奶。

❷ 现在我可以进去吗？

❸ 因为今天很忙，所以我不能去。

❹ 你打算在哪儿买手机？

CHAPTER
05

我肚子疼得很厉害。
저는 배가 너무 아파요.

참 쉬운 회화

회화·1

의사　어디가 불편하세요?

대한　저는 배가 아파요.

의사　언제부터 배가 아프기 시작했나요?

대한　어제저녁부터 아프기 시작했어요. 지금은 훨씬 더 심하게 아파요.

의사　당신은 어제 너무 많이 먹었죠, 그렇죠?

대한　선생님이 만든 만두가 너무 맛있어서, 저는 세 그릇을 먹었어요.

회화·2

샤오메이　좀 어때?

대한　배는 많이 나아졌어. 그런데 머리가 좀 심하게 아파.

샤오메이　병원에 다시 가서 진찰 받을까?

대한　됐어. 약 먹으면 돼.

샤오메이　침대에 누워서 쉬어. 내가 약국에 가서 약 사다 줄게.

대한　귀찮게 해서 미안해.

실력 다지기 **어법**

1 ❶ 他从早上九点到下午六点工作。

❷ 从家到公司很远。

2 ❶ C　　❷ C

3 ❶ 介绍介绍　　❷ 玩儿玩儿

❸ 学习学习　　❹ 想想

참 쉬운 **이야기**

어제저녁에 선생님은 많은 만두를 빚으셨습니다. 만두를 너무 맛있게 빚어서, 대한이는 많이 먹었습니다.

어제저녁 9시부터 대한이는 배가 아팠습니다. 지금 대한이는 배가 훨씬 더 아픕니다. 그래서 그는 병원에 가서 의사에게 진찰을 받습니다. 의사가 대한이에게 너무 많이 먹은 것 아니냐고 묻습니다. 대한이는 선생님이 만든 만두가 너무 맛있어서, 단번에 세 그릇을 먹었다고 의사에게 알려 줍니다.

🔊 대답해 보세요

① 从昨晚九点开始，大韩肚子疼。

② 大韩觉得老师包的饺子特别好吃。

표현 키우기 **문장 연습**

❶ 어제부터 중국어를 배우기 시작했습니다.

어제부터 일하기 시작했습니다.

어제부터 운전하기 시작했습니다.

❷ 오늘 몹시 아픕니다.

오늘 많이 먹었습니다.

오늘 즐겁게 놀았습니다.

❸ A 그녀는 중국어를 잘합니까 못합니까?

그녀는 운전하는 것이 어떻습니까?

B 그녀는 중국어를 잘합니다.

그녀는 운전을 천천히 합니다.

💬 다음을 중국어로 말해 보세요.

· 从昨天开始下雪。

· 老师(说)汉语说得很慢。

· 我(骑)自行车骑得很快。

회화 익히기 **그림 보고 말하기**

❶ 小美做菜做得很好。

但是大韩做菜做得不好。

❷ 马克游泳游得很快。

但是大韩游泳游得很慢。

❸ 安娜说汉语说得很好。

但是大韩说汉语说得不好。

실력 쌓기 **연습문제**

1 **❶** D **❷** C

> **녹음 원문**
>
> 女 你周末过得怎么样?
>
> 男 我周末过得不太好。
>
> 女 为什么?
>
> 男 我晚上睡觉睡得不好。
>
> 女 你哪儿不舒服?
>
> 男 我头疼得很厉害。

2 A 你哪儿不舒服?

B 我(头疼/牙疼/发烧)。

A 从什么时候开始(头疼/牙疼/发烧)的?

B (今天早上/星期一/昨天下午)开始。

3 **❶** A 你哪儿不舒服? 昨天晚上睡觉睡得很晚吧?

B 不，昨天晚上我吃得很多。现在肚子疼。

❷ A 你休息得怎么样?

B 我休息得不好。

❸ A 你们在中国过得好吗?

B 我们在中国过得很有意思。

4 **❶** 你爷爷哪儿不舒服?

❷ 我(说)英语说得不太好。

❸ 你看看这双鞋。

❹ 从昨天开始学游泳。

CHAPTER 06 我正在打太极拳。

저는 태극권을 하고 있어요.

참 쉬운 **회화**

회화·1

대한 문이 왜 열려 있지? 너 뭐 하고 있니?

루시 나는 지금 태극권을 하고 있어.

대한 너는 태극권을 배운 적 있어?

루시 배운 적 없어. 나는 지금 배우고 있어.

매주 세 번 배워.

대한 좀 해봐, 내가 볼게.

루시 문제없지. 그럼, 지금 시작한다.

회화·2

대한 너 뭐 하고 있니?

샤오메이 숙제하면서 음악 들어.

대한 네가 듣는 것은 고전 음악이니, 아니면

대중음악이니?

샤오메이   대중음악이야. 난 중국 대중음악을 좋아해.

대한   듣자 하니 요즘 중국의 젊은이들이 한국 음악을 좋아한다던데, 너는?

샤오메이   어떤 사람은 좋아하고, 어떤 사람은 좋아하지 않아. 난, 한 번도 들어 본 적 없어.

실력 다지기 어법

1 ❶ 他今天穿着红色的衣服。

    ❷ 我的书上没写着我的名字。

2 ❶ 我没在上班，我在玩游戏。

    ❷ 我在做作业呢。

3 ❶ 我一边吃三明治，一边喝咖啡。

    ❷ 他一边弹钢琴，一边唱歌。

참 쉬운 이야기

태극권은 중국의 전통 무술입니다. 매일 새벽 많은 노인들이 모두 공원에 가서 태극권을 합니다.

루시가 듣자 하니 태극권을 하면 건강에 매우 좋다고 합니다. 그래서 요즘 그녀는 태극권을 배우고 있습니다. 매주 세 번 배웁니다. 수업 전에 왕 선생님은 먼저 그들에게 태극권을 가르쳐 주십니다. 지금 루시는 태극권을 그다지 잘 하지 못하지만, 안나는 매우 잘합니다.

👍 대답해 보세요

① 露西听说打太极拳对身体很好。

② 露西现在打太极拳打得不太好。

표현 키우기 문장 연습

❶ 학생은 앉아 있고, 선생님은 서계십니다.

학생은 듣고 있고, 선생님은 말씀하고 계십니다.

학생은 보고 있고, 선생님은 쓰고 계십니다.

❷ 저는 지금 태극권을 하고 있습니다.

저는 지금 중국어를 배우고 있습니다.

저는 지금 컴퓨터를 하고 있습니다.

❸ 숙제를 하면서 음악을 듣습니다.

콜라를 마시면서 햄버거를 먹습니다.

노래를 부르면서 춤을 춥니다.

💬 다음을 중국어로 말해 보세요.

•你听着，我来唱歌。

•妈妈正在看电视呢。

•她一边唱歌，一边洗碗。

회화 익히기 그림 보고 말하기

❶ 安娜一边喝咖啡，一边跟朋友聊天。

❷ 马克一边吃汉堡包，一边看报。

❸ 小美一边吃面包，一边喝咖啡。

❹ 露西一边走路，一边打电话。

실력 쌓기 연습문제

1 ❶D   ❷C

녹음 원문

女   你在睡觉吗？

男   我没在睡觉，我在做作业呢。

女   你妈妈呢？

男   我妈妈在做晚饭呢。

女   你姐姐在洗澡吗？

男   她没在洗澡，她正在洗碗。

2 A 你在干什么呢?

　　B 我正在(练瑜伽/拉二胡/打网球)。

　　A 你学过(瑜伽/二胡/网球)吗?

　　B 没学过，我正在学。每星期(学两次/学一次/学三次)。

3 ❶ 空调没开着。

　　❷ 他没在玩儿电脑，他正在睡觉。

　　❸ 爸爸一边吃饭，一边看电视。

4 ❶ 来中国以前，我一次也没见过他。

　　❷ 他一边吃汉堡包，一边看电影。

　　❸ 电脑关着，手机也关着。

　　❹ 我们没在上课。

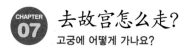

CHAPTER 07 去故宫怎么走?
고궁에 어떻게 가나요?

참 쉬운 **회화**

회화 1

대한　말씀 좀 묻겠습니다. 고궁에 어떻게 가나요?

행인　곧장 앞으로 가다가 신호등에서 좌회전하세요.

안나　여기에서 멀어요 안 멀어요?

행인　그다지 멀지 않아요. 걸어서 10분이면 바로 도착해요.

대한 안나　고맙습니다.

행인　저도 고궁에 가요. 저와 함께 가요.

회화 2

마크　말씀 좀 묻겠습니다. 몇 번 버스를 타면 베이징대학에 갈 수 있나요?

행인　808번을 타면 바로 도착할 수 있어요.

마크　몇 정거장을 타야 하나요?

행인　베이징대학은 여기서 좀 멀어요. 열다섯 정거장을 타고 가야 해요.

마크　그래요? 너무 멀어요.

행인　제 생각에는 택시를 타고 가는 게 비교적 좋을 것 같네요.

실력 다지기 **어법**

1 ❶ 请你往后边儿坐。

　　❷ 请大家往前边儿看。

2 ❶ 말씀 좀 묻겠습니다. 여기서 지하철역까지 먼가요?

　　❷ 그는 학교에 갔습니다.

　　❸ 곧장 앞으로 가면 바로 도착합니다.

3 ❶ B　　❷ C　　❸ C

참 쉬운 **이야기**

　같은 반 친구가 말하길 고궁이 매우 아름답다고 합니다. 일요일에 나와 안나는 함께 고궁에 놀러 갈 계획입니다. 하지만 우리는 모두 고궁에 어떻게 가는지 모릅니다.

　우리 앞쪽에 한 중국 여자아이가 있어, 그녀에게 어떻게 가는지 물어보았습니다. 그녀는 우리에게 곧장 앞으로 가다가 신호등에서 좌회전하고 10분 걸으면 바로 도착한다고 알려 주었습니다. 그녀는 또한 우리를 데리고 함께 갔습니다. 우리는 운이 정말 좋았습니다.

🔊 대답해 보세요

① 从这儿到故宫走十分钟就到了。

② 一个中国女孩儿带他们一起去故宫了。

표현 키우기 **문장 연습**

❶ 고궁에 어떻게 가나요?
공항에 어떻게 가나요?
베이징 기차역에 어떻게 가나요?

❷ 곧장 앞으로 가다가 신호등에서 좌회전하세요.
곧장 앞으로 가다가 네거리에서 좌회전하세요.
곧장 앞으로 가다가 은행에서 우회전하세요.

❸ A 기차역은 여기서 멀어요 안 멀어요?
지하철역은 여기서 멀어요?
　B 기차역은 여기서 매우 멀어요.
지하철역은 여기서 멀지 않아요. 매우 가까워요.

💬 다음을 중국어로 말해 보세요.
• 去留学生宿舍怎么走?
• 一直往前走, 到商店往右拐。
• 机场离学校不太远。

회화 익히기 **그림 보고 말하기**

❶ 医院 → 一直往西走, 到十字路口往右拐。
❷ 邮局 → 一直往东走。
❸ 咖啡店 → 一直往东走, 到丁字路口往左拐。
❹ 图书馆 → 过马路, 一直往西走。
❺ 银行 → 过马路, 一直往东走。

실력 쌓기 **연습문제**

1 ❶ A ❷ B

녹음 원문

女　请问, 去前门怎么走?
男　一直往前走, 到王府井百货商店……我想想……往右拐。不对, 往左拐。
女　离这儿远不远?
男　有点儿远, 你坐车去吧。
女　我坐几路车呢?
男　我也不知道。

단어 **不对 búduì** 형 틀리다

2 A 请问, 去(火车站/电影院)怎么走?
　B (一直往前走, 到十字路口往左拐/一直往前走, 到丁字路口往右拐)。
　A 离这儿远不远?
　B 不太远。走(十分钟/五分钟)就到了。

3 ❶从　❷到　❸从　❹离

4 ❶ 图书馆离学校不太远。
❷ 去明洞怎么走?
❸ 一直往前走, 到医院往左拐。
❹ 坐106路就可以到了。

CHAPTER 08 饺子已经煮好了。
만두가 이미 다 삶아졌어요.

참 쉬운 회화

회화 · 1

샤오메이 너 들었니? 모두들 폭죽을 터뜨리고 있어.

대한 들려. 굉장히 떠들썩하다.

샤오메이 엄마 대한아, 만두가 다 삶아졌어, 빨리 와서 먹으렴.

대한 고맙습니다, 어머니가 만드신 요리는 정말 맛있어요.

샤오메이 엄마 그럼 많이 먹으렴.

대한 12시예요. 새해 복 많이 받으세요! 부자 되세요!

회화 · 2

샤오메이 엄마 너희들 돌아왔구나! 어서 들어와.

샤오메이 대한아, 내가 너에게 좀 소개할게. 이쪽은 우리 언니야.

대한 안녕하세요! 저는 대한이라고 합니다. 그는 네 조카지? 귀엽다!

샤오메이 맞아. 매년 음력설이면, 그들은 모두 베이징으로 와서 설을 보내.

룽룽 안녕하세요! 저는 룽룽이에요.

대한 정말 착하구나!

실력 다지기 어법

1 ❶ D ❷ C

2 ❶ 下来 ❷ 上三楼去

3 ❶ B ❷ C

참 쉬운 이야기

오늘은 섣달그믐입니다. 대한이는 샤오메이네 집으로 가서 새해를 맞이합니다. 많은 사람들이 밖에서 폭죽을 터뜨리고 있어서, 매우 떠들썩합니다.

새해를 맞이할 때 중국인들은 만두를 즐겨 먹습니다. 샤오메이 엄마는 많은 만두를 삶았습니다. 만두가 맛있어서, 그들은 많이 먹었습니다.

12시가 되자, 모두 함께 말합니다. "새해 복 많이 받으세요, 부자 되세요."

🗨 대답해 보세요

① 中国人过年的时候都喜欢吃饺子。

② 过年的时候，中国人说"过年好，恭喜发财"。

표현 키우기 문장 연습

❶ A 당신은 들었습니까?

당신은 알아들었습니까?

B 저는 이미 들었습니다. /

저는 듣지 못했습니다.

저는 이미 알아들었습니다. /

저는 알아듣지 못했습니다.

❷ 당신들은 빨리 교실로 들어가세요.

당신들은 빨리 2층으로 올라가세요.

당신들은 빨리 한국으로 돌아오세요.

❸ 여러분 많이 드세요.

여러분 많이 마시세요.

여러분 많이 사세요.

💬 다음을 중국어로 말해 보세요.

・饭已经吃完了。

・我们快回学校去吧。

・天气很冷，多穿点儿吧。

회화 익히기 그림 보고 말하기

❶ 汉字写错了。
　汉字没写错。

❷ 作业做完了。
　作业没做完。

❸ 中国电影看懂了。
　中国电影没看懂。

❹ 自行车修好了。
　自行车没修好。

실력 쌓기 연습문제

1️⃣ ❶ B　　❷ C

녹음 원문

儿子　妈，我的美国朋友后天回美国
　　　去。我想去看看他。

妈妈　现在已经晚上八点。你什么时
　　　候回来?

儿子　我九点回来。

妈妈　九点?

儿子　明天早上九点。

妈妈　不行，你今天晚上十二点以前
　　　一定要回来。

2️⃣ 今天是(中秋节/端午节)，我去朋友家做
　客。(过中秋节/过端午节)的时候，中国人
　都喜欢(吃月饼/吃粽子)。我朋友(买了很
　多月饼/煮好了很多粽子)。(月饼/粽子)很
　好吃，我们都吃了很多。

3️⃣ ❶ 听懂　　　❷ 进来
　❸ 休息好

4️⃣ ❶ 你看见我的手机了吗?
　❷ 你快下来吧。我在楼下等你。
　❸ 我没看懂这本书。

❹ 他每年冬天的时候，回韩国去。

老师说的汉语, 你听得懂吗?

선생님이 말하는 중국어, 당신은 알아들을 수
있나요?

참 쉬운 회화

회화·1

샤오메이　이번 학기에 몇 과목 수업을 듣니?

대한　네 과목이야. 독해, 듣기, 회화 그리고
　　　작문이 있어.

샤오메이　네 생각에 듣기 수업은 어렵니, 안 어
　　　렵니?

대한　내 생각에는 비교적 어려운 것 같아.
　　　그렇지만 매우 재미있어.

샤오메이　선생님이 말하는 중국어를 너는 알아
　　　듣니, 못 알아듣니?

대한　만약에 선생님이 좀 천천히 말씀하시
　　　면, 알아들을 수 있어.

회화·2

마크　오늘 독해 수업은 너무 어려워서, 난
　　　이해하지 못했어. 너는 이해했니?

안나　나는 다 이해했어. 하지만 문제가 너무
　　　많아서, 나도 다 못 했어.

마크　넌 정말 중국통이구나! 난 조금밖에 이
　　　해하지 못했는데.

안나　천만에! 선생님 말씀은 가끔 나도 못
　　　알아들어.

마크　만약에 시간 있으면, 다음에 우리 같이
　　　공부하자.

안나　좋아. 파이팅!

1 ❶ 我听得懂老师说的话。/ 我听不懂老师说的话。

❷ 作业太多了，我做不完。

❸ 现在没有公共汽车了，我回不去。

2 ❶ 如果有时间，我们就去旅游吧。

❷ 如果不下雨，我就想去爬山。

참 쉬운 **이야기**

이번 학기에 대한이는 듣기, 독해, 회화 그리고 작문, 네 과목의 수업이 있습니다.

작문 과목은 너무 어려워서, 그는 재미없다고 느낍니다. 독해 과목도 매우 어려워서, 대한이는 늘 보고 이해하지 못합니다. 듣기 과목은 비교적 어렵지만, 대한이는 재미있다고 느낍니다.

선생님이 좀 천천히 말씀하시면, 그는 알아들을 수 있습니다. 그는 쉽고 재미있어서, 회화 수업을 가장 좋아합니다.

🗣 대답해 보세요

① 因为作文课太难了，他觉得没有意思。

② 大韩最喜欢口语课，他觉得又容易又有意思。

표현 키우기 **문장 연습**

❶ 제 생각에 듣기 수업은 매우 어렵습니다.

제 생각에 작문 수업은 쉽지 않고, 가장 어렵습니다.

제 생각에 회화 수업은 아주 재미있습니다.

❷ A 당신은 알아들을 수 있습니까, 없습니까?

당신은 돌아올 수 있습니까, 없습니까?

B 저는 알아듣지 못합니다.

저는 돌아올 수 있습니다.

❸ 만약에 많은 돈이 있다면, 저는 여행을 가고 싶습니다.

만약에 많은 돈이 있다면, 저는 외국 유학을 가고 싶습니다.

만약에 많은 돈이 있다면, 저는 집을 사고 싶습니다.

💬 다음을 중국어로 말해 보세요.

· 我觉得骑自行车太慢。

· 老师做的菜太多，我吃不完。

· 如果你去，我就不想去。

회화 익히기 **그림 보고 말하기**

❶ 妈妈做的菜，大韩吃不完。

妈妈做的菜，小美吃得完。

❷ 老师写的汉字，马克看不懂。

老师写的汉字，大韩看得懂。

❸ 大韩买的啤酒，小美喝不完。

大韩买的啤酒，马克喝得完。

실력 쌓기 **연습문제**

1 ❶ C ❷ D

> **녹음 원문**
>
> 男　你觉得汉语难不难？
>
> 女　有点儿难，但是很有意思。
>
> 男　你看得懂汉语书吗？
>
> 女　我看不懂。
>
> 男　那么，中国人说的话，你听得懂听不懂？
>
> 女　也听不懂。

2 这学期我有(三门课/三门课)，(听力、阅读和口语/听力、口语和作文)。(阅读课/

听力课)很难，我常常(看不懂/听不懂)。
(听力课/口语课)比较难，但是我觉得(很有意思/很有意思)。我最喜欢(口语课/作文课)，又(容易/容易)又(有意思/有意思)。

3 ❶ 回不来　　❷ 学不完
　 ❸ 看得见　　❹ 听不懂

4 ❶ 这么多的菜我一个人吃不完。
　 ❷ 我的话你听得懂听不懂?
　 ❸ 那个人的个子太高，我看不见前边。
　 ❹ 我看不懂这本书。

CHAPTER 10

请帮我们照一张, 好吗?

사진 한 장 찍어 주시겠어요?

참 쉬운 회화

회화 1

샤오메이　대한아, 빨리 와서 좀 봐. 너무 아름다워!
대한　　와! 정말 아름답다!
샤오메이　하얼빈의 빙등제는 매우 유명해.
대한　　정말 예쁘다! 난 한국에서 빙등을 본 적이 없는 것 같아.
샤오메이　너 사진 찍을래?
대한　　좋아, 우리 같이 사진 찍자! 선생님, 사진 한 장 찍어 주시겠어요?

회화 2

안나　　이번 주 주말 어떻게 보냈어?
마크　　난 대한이 그리고 왕 선생님과 만리장성에 갔어.
안나　　난 만리장성에 가본 적이 없어. 너희들

은 재밌게 놀았어?
마크　　정말 좋았어! 우리는 올라가면서 왕 선생님이 만리장성에 대해 소개해 주시는 것을 들었어.
안나　　너희들은 만리장성 정상까지 올라갔어?
마크　　아니. 왜냐하면 너무 피곤해서, 우리는 그렇게 높이 올라가지 못했어.

실력 다지기 **어법**

1 ❶ 这件衣服多贵啊!
　 ❷ 今天天气多冷啊!

2 ❶ 看起来他好像身体不舒服。
　 ❷ 今天好像会下雨。

3 ❶ 我帮妈妈洗碗。
　 ❷ 我帮弟弟做作业。

4 ❶ 开不了车
　 ❷ 回得了家吗

참 쉬운 **이야기**

듣자 하니, 하얼빈의 빙등제는 매우 유명하다고 합니다. 겨울 방학에 샤오메이는 대한이와 함께 하얼빈에 빙등을 보러 갔습니다.
대한이는 하얼빈의 빙등이 굉장히 아름답다고 느꼈습니다. 그는 한국에서 한 번도 본 적 없는 것 같습니다. 그래서 대한이는 사진을 몇 장 찍어서 가족들에게 좀 보여 주고 싶었습니다.
이번 겨울 방학에 그들은 하얼빈에서 아주 즐겁게 놀았습니다.

대답해 보세요

① 寒假小美和大韩一起去哈尔滨看冰灯了。
② 他想给家人看看。

표현 키우기 **문장 연습**

❶ 빙등이 얼마나 아름다운가!
이곳의 풍경이 얼마나 아름다운가!
이 옷은 얼마나 비싼가!

❷ 형(오빠), 저를 도와 사진 한 장 찍어 줄래
요?
형(오빠), 저를 도와 물건을 좀 들어 줄래
요?
형(오빠), 저를 도와 책을 반납해 줄래요?

❸ A 당신은 갈 수 있습니까, 없습니까?
당신은 먹을 수 있습니까, 없습니까?
B 저는 갈 수 있습니다.
저는 먹을 수 없습니다.

💬 다음을 중국어로 말해 보세요.

•他今天多高兴啊!
•妈, 帮我买东西, 好吗?
•这件毛衣太大了, 我穿不了。

회화 익히기 **그림 보고 말하기**

❶ 听说你去市场, 帮我买一斤苹果, 好吗?
❷ 听说你去咖啡店, 帮我买一杯咖啡, 好
吗?
❸ 听说你去图书馆, 帮我还一本书, 好吗?

실력 쌓기 **연습문제**

1 ❶C　　❷A

男　这个星期五我要去火车站。
女　为什么?
男　我的美国朋友星期五来北京。
女　那么, 你打算跟美国朋友去哪
儿?
男　我打算跟他一起去上海、哈尔
滨、青岛。
女　多有意思啊!

2 听说(北京烤鸭/青岛啤酒)很有名。我跟朋
友一起去(吃北京烤鸭/喝青岛啤酒)了。
我觉得(北京烤鸭/青岛啤酒)非常(好吃/好
喝)。我好像在韩国一次也没(吃/喝)过。

3 ❶ 请帮我照一张, 好吗?
❷ 他好像是韩国留学生。
❸ 现在我没有钱, 买不了。

4 ❶ 今天天气多好啊!
❷ 我好像在韩国见过。
❸ 请帮我买一杯咖啡。
❹ 他最近特别忙, 去不了。

 首尔跟北京一样冷吗?
서울은 베이징처럼 춥나요?

참 쉬운 회화

회화·1

샤오메이 오늘 날씨가 정말 춥네, 어제보다 춥지?

대한 나도 오늘이 어제보다 춥다고 생각해.

샤오메이 듣자 하니 서울은 작년에 눈이 많이 내렸다던데. 올해는?

대한 올해 눈이 작년보다 훨씬 많이 내렸어.

샤오메이 서울은 베이징처럼 춥니?

대한 아니, 서울은 베이징만큼 춥지 않아.

회화·2

마크 어제저녁에 눈이 많이 내렸어, 밖이 온통 눈이야.

안나 그래? 지금 밖은 정말 예쁠 거야.

마크 우리 나가서 눈사람을 만들고, 눈싸움 하는 게 어때?

안나 난 가기 싫어. 나는 추위를 타거든.

마크 일기 예보에서는 오늘이 어제보다 따뜻하대. 우리 나가자!

안나 나는 일기 예보를 안 믿어.

실력 다지기 어법

1
❶ 我的裙子比你的裙子更漂亮。
❷ 他的个子没有我高。
❸ 今天比昨天更热。

2
❶ 我的手机跟你的一样。/
你的手机跟我的一样。
❷ 他跟你一样认真学习。/
你跟他一样认真学习。

참 쉬운 이야기

요 며칠 베이징의 날씨는 매우 춥고, 자주 눈이 많이 내립니다. 대한이가 그러는데, 올해 서울의 눈이 작년보다 훨씬 많이 내린다고 합니다. 하지만 서울의 겨울은 베이징만큼 춥지 않습니다.

지금 대한이가 입은 옷은 그다지 많지 않고, 서울에서와 같습니다. 그래서 그는 매우 춥다고 느낍니다. 내일 샤오메이는 대한이와 함께 외투를 한 벌 사러 갈 계획입니다.

🔊 대답해 보세요

① 这几天北京的天气很冷，常常下大雪。
② 首尔今年的雪比去年更大。

표현 키우기 문장 연습

❶ 오늘은 어제보다 춥습니다.
오늘은 어제보다 조금 춥습니다.
오늘은 어제보다 훨씬 춥습니다.

❷ A 서울은 베이징보다 큽니까?
베이징은 상하이보다 덥습니까?
B 서울은 베이징만큼 크지 않습니다.
베이징은 상하이만큼 덥지 않습니다.

❸ 오늘은 어제처럼 덥습니다.
당신의 중국어는 중국인처럼 잘합니다.
당신이 산 것은 내 것처럼 저렴합니다.

💬 다음을 중국어로 말해 보세요.

• 今年比去年更热。
• 我的汉语没有她好。
• 我跟哥哥一样高。

❶ 马克比大韩高。

　　大韩没有马克高。

❷ 飞机比火车快。

　　火车没有飞机快。

❸ 裤子比裙子贵。

　　裙子没有裤子贵。

실력 쌓기 **연습문제**

1 ❶ B　　❷ C

> 녹음 원문
>
> 女　他是谁?
>
> 男　他是我的朋友。
>
> 女　他比大韩大吗?
>
> 男　他没有大韩大。
>
> 女　他比大韩高吗?
>
> 男　他跟大韩一样高。

2 A 今天天气真(冷/热)，比昨天(冷/热)吧?

　B 我也觉得今天比昨天(冷/热)。

　A (哈尔滨/杭州)跟(上海/昆明)一样(冷/热)吗?

　B 不，(上海/昆明)没有(哈尔滨/杭州)(冷/热)。

3 ❶ 北京没有上海热。

　❷ 你的电脑跟我的电脑一样好看。

　❸ 你的手机没有我的手机贵。

4 ❶ 今天没有昨天热。

　❷ 我妈妈比我更忙。

　❸ 今天跟昨天一样暖和。

　❹ 苹果比香蕉还贵。

我们一起去上海玩儿吧!

우리 함께 상하이로 놀러 가요!

참 쉬운 **회화**

회화 1

안나	베이징의 유학 생활에 익숙해졌니?
대한	처음에는 익숙하지 않았는데, 지금은 서서히 익숙해졌어.
안나	곧 귀국하는데, 귀국하기 전에 너는 뭐 할 계획이니?
대한	나는 친구와 상하이로 여행을 갈 계획이야.
안나	듣자 하니 상하이의 와이탄은 매우 예쁘다더라.
대한	너도 가자. 우리 함께 상하이로 놀러 가자!

회화 2

안나	우리의 상하이 여행 계획은 다 세웠니?
대한	곧 다 세워 가. 우리는 3박 4일 놀 건데, 1일 저녁에 출발해서 4일 오후에 돌아오는 거야, 어때?
안나	괜찮은데. 그럼 우리는 뭘 할 거야?
대한	맛있는 음식도 먹으러 가고, 경치도 보러 갈 거야.
안나	그리고 꼭 쇼핑하러 가야 해.
대한	너 정말 쇼핑광이구나!

실력 다지기 **어법**

1 ❶ 外边儿下雨了。

　❷ 苹果贵了。

2 ❶ 她今天穿得漂漂亮亮的。

② 你慢慢儿说吧。

3 ① 要下雨了，我们快点儿回家吧。

② 就要到妈妈的生日了，我打算给妈妈
买礼物。

참 쉬운 이야기

대한이가 베이징에 온 지 벌써 1년이 되었습니다. 최근 그는 중국에서의 유학 생활에 서서히 익숙해졌습니다. 그는 중국에서 열심히 중국어를 공부하고, 또한 자주 여행을 갔습니다.

곧 귀국하는데, 듣자 하니 상하이의 와이탄이 매우 아름답다고 합니다. 대한이는 귀국하기 전에 친구와 상하이로 놀러 갈 계획입니다.

안나는 한 번도 상하이에 가본 적이 없어서, 그녀도 상하이에 가보고 싶어 합니다.

🗣 대답해 보세요

① 大韩来北京已经一年了。

② 安娜一次也没去过上海。

표현 키우기 문장 연습

① A 당신은 익숙해졌습니까?
　　 당신은 퇴근했습니까?
　 B 저는 이미 익숙해졌습니다.
　　 저는 이미 퇴근했습니다.

② 당신은 천천히 말씀하세요.
　 당신은 천천히 드세요.
　 당신은 천천히 오세요.

③ 곧 귀국합니다.
　 곧 국경절입니다.
　 곧 차가 떠납니다.

💬 다음을 중국어로 말해 보세요.

• 现在我不喜欢他了。

• 不要急，你慢慢儿吃吧。

• 天气冷了，快下雪了。

회화 익히기 그림 보고 말하기

① 快十二点了，我要睡觉。

② 快下雨了，我要回家。

③ 快放假了，我要去香港。

④ 快下班了，我要吃晚饭。

실력 쌓기 연습문제

1 ① C　② B

녹음 원문

女　下星期一我要回国了。你打算
　　回国吗?

男　我不回国。我打算去台湾。

女　你去那儿干什么?

男　我打算去台湾旅游。

女　多有意思啊!

男　你也一起去吧。

2 A 快回国了。回国以前你打算做什么?
　 B 我打算跟朋友去(四川旅游/济州岛旅游)。
　 A 你要去多长时间?
　 B 我要去(三天两夜/五天四夜)。
　 A 你打算做什么?
　 B 我打算又(看熊猫/爬山)又(吃火锅/看海)。

3 ① 남동생은 올해 18살이 되었습니다.
　② 지금 비가 내리기 시작했습니다.
　③ 최근에 그는 많이 먹더니, 살이 쪘습니다.

4 ❶ 他快要回国了。

❷ 你慢慢儿看吧。

❸ 地铁快到了。

❹ 你在美国生活习惯了吗?

테마 게임 퍼즐

→ 단어 퍼즐 13쪽

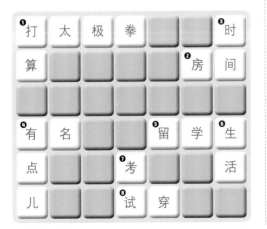

→ 9과 138쪽

한자	병음	뜻
1. 介绍	jièshào	소개하다
2. 交通	jiāotōng	교통
3. 讲价	jiǎng jià	값을 흥정하다
4. 舒服	shūfu	편안하다, 쾌적하다, 안락하다
5. 如果	rúguǒ	만약 ~라면

→ 7과 110쪽

→ 12과 180쪽

찾아보기

독해의 달인이 되는 필독 기본서
재미와 감동, 문화까지 맛있게 독해하자

엄영권 지음 | ❶ 228쪽 · ❷ 224쪽
각 권 14,500원(MP3 파일 무료 다운로드)

작문의 달인이 되는 필독 기본서
어법과 문장구조, 어감까지 익혀 거침없이 작문하자

한민이 지음 | 각 권 204쪽 | ❶ 16,000원 ❷ 13,500원

중국어의
달인이 되는
필독 기본서

어법의 달인이 되는 필독 기본서
중국어 어법 A to Z 빠짐없이 잡는다

한민이 지음 | 280쪽 | 17,500원
(본책+워크북+발음 MP3 파일 무료 다운로드)

듣기의 달인이 되는 필독 기본서
듣기 집중 훈련으로 막힌 귀와 입을 뚫는다

김효정 · 이정아 지음 | 232쪽 | 15,000원
(본책+워크북+MP3 파일 무료 다운로드)

THE 맛있게
THE 쉽게 즐기세요!

박수진 저 | 19,500원

기본서, 해설집, 모의고사 All In One 구성

한눈에 보이는 공략　　간략하고 명쾌한　　실전에 강한

 + + +

기본서　　　　　해설집　　　　　모의고사　　　　필수단어 300

박수진 저 | 22,500원

왕수인 저 | 23,500원

장영미 저 | 24,500원

JRC 중국어연구소 저 | 25,500원

NEW

참쉬운 중국어

JRC 중국어연구소 기획·저

② 2

쓰기 노트

맛있는 books

NEW 참 쉬운 중국어

2

쓰기 노트

맛있는 books

『참 쉬운 중국어』 쓰기 노트 200% 활용법

중국어 제대로 쓰고, 제대로 읽으세요!
MP3 파일과 함께 중국어를 써보고, 자투리 시간에 가볍게 들고 다니면서
암송 노트로 적극적으로 활용해 보세요.

★「단어 쓰기」와「문형 쓰기」에는 우리말 녹음 이 제공됩니다

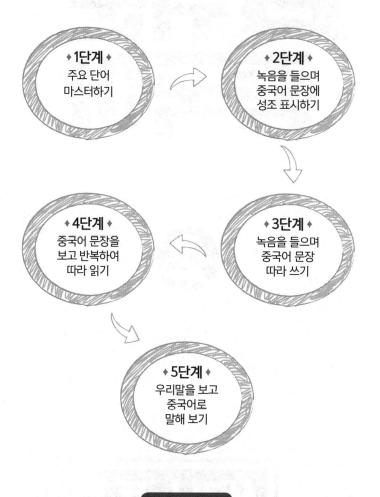

◆1단계◆
주요 단어
마스터하기

◆2단계◆
녹음을 들으며
중국어 문장에
성조 표시하기

◆4단계◆
중국어 문장을
보고 반복하여
따라 읽기

◆3단계◆
녹음을 들으며
중국어 문장
따라 쓰기

◆5단계◆
우리말을 보고
중국어로
말해 보기

check point!

★ 원어민 발음에 귀 기울이며 중국어를 씁니다.

★ 반드시 자신의 입으로 따라 읽어야 합니다.

★ 자연스럽게 중국어가 나올 때까지 큰 소리로 반복해서 읽습니다.

★ 매일매일 반복하며, 항상 CHAPTER01부터 시작해 암송합니다.

MP3 파일은 맛있는북스 홈페이지(www.booksJRC.com)에서 무료로 다운로드할 수 있습니다.

1 **단어 쓰기** | 녹음을 들으며 단어를 써보세요.

一下 yíxià 좀 ~하다	一下				

介绍 jièshào 통 소개하다	介绍				

位 wèi 양 분[사람의 수를 세는 단위]	位				

看起来 kàn qǐlai 보아하니	看起来			

留学生 liúxuéshēng 명 유학생	留学生			

关照 guānzhào 통 돌보다, 보살펴 주다	关照			

同岁 tóngsuì 통 동갑이다	同岁			

회화★1 자기소개 하기

Track02

王老师　大家好! 今天想请大家自我介绍一下。
Dajia hao!　Jintian xiang qing dajia ziwo jieshao yixia.

马克　我来介绍一下。我叫马克，我是美国人。
Wo lai jieshao yixia.　Wo jiao Make, wo shi Meiguoren.

大韩　我姓李，叫李大韩。今年22岁。这位是……
Wo xing Li, jiao Li Dahan.　Jinnian ershi'er sui. Zhe wei shi……

露西　我叫露西。看起来你是韩国留学生吧?
Wo jiao Luxi.　Kan qilai ni shi Hanguo liuxuesheng ba?

大韩　是的。认识你很高兴。请多多关照!
Shide.　Renshi ni hen gaoxing.　Qing duoduo guanzhao!

露西　认识你们我也很高兴。
Renshi nimen wo ye hen gaoxing.

🐼 다음을 중국어로 말해 보세요.

연습한 횟수만큼 ✓해 보세요. 1 2 3 4 5

왕 선생님	여러분, 안녕하세요! 오늘은 여러분이 자기소개를 좀 해볼게요.
마크	제가 소개를 좀 하겠습니다. 저는 마크라고 하고요, 미국인입니다.
대한	저는 이씨고, 이대한이라고 합니다. 올해 22살이에요. 이분은……
루시	저는 루시라고 합니다. 보아하니 당신은 한국 유학생 이군요.
대한	네. 당신을 알게 되어 기뻐요. 잘 부탁합니다.
루시	당신들을 알게 되어 저도 기뻐요.

Track03

大韩　你好! 很高兴再次见到你!
　　　Ni hao!　Hen gaoxing zaici jiandao ni!

露西　我也是。上次你说你今年22岁，对吧?
　　　Wo ye shi.　Shangci ni shuo ni jinnian ershi'er sui, dui ba?

大韩　对。看起来你很小，你今年多大?
　　　Dui.　Kan qilai ni hen xiao, ni jinnian duo da?

露西　我跟你同岁，今年也22岁，属狗。
　　　Wo gen ni tongsui, jinnian ye ershi'er sui, shu gou.

大韩　是吗? 那我们做朋友吧!
　　　Shi ma?　Na women zuo pengyou ba!

露西　太好了。
　　　Tai hao le.

🐼 **다음을 중국어로 말해 보세요.**

연습한 횟수만큼 ✔ 체크해 보세요. ⭐1 ⭐2 ⭐3 ⭐4 ⭐5

대한	안녕! 다시 만나게 되어 기뻐.
루시	나도. 지난번에 너는 올해 22살이라고 한 것 같은데, 맞지?
대한	맞아. 보아하니 너는 어려 보이는데, 올해 나이가 어떻게 되니?
루시	나는 너와 동갑이야. 올해 22살이고, 개띠야.
대한	그래? 그럼 우리 친구하자.
루시	너무 잘됐다.

Track04

❶ 我来介绍一下。

・제가 소개를 좀 하겠습니다.

我来看一下。

・제가 좀 보겠습니다.

我来说一下。

・제가 좀 말씀드리겠습니다.

❷ 这位是谁?

・이분은 누구십니까?

这位是我的汉语老师。

・이분은 저의 중국어 선생님입니다.

那位是谁?

・저분은 누구십니까?

那位是我的英语老师。

・저분은 저의 영어 선생님입니다.

❸ 看起来，你是韩国留学生吧?

・보아하니 당신은 한국 유학생이군요.

看起来，你是汉语老师吧?

・보아하니 당신은 중국어 선생님이군요.

看起来，你是美国人吧?

・보아하니 당신은 미국인이군요.

1 단어 쓰기 | 녹음을 들으며 단어를 써보세요.

条件 tiáojiàn 명 조건	条件				

不错 búcuò 형 좋다, 괜찮다	不错				

房间 fángjiān 명 방	房间				

生活 shēnghuó 명동 생활(하다)	生活				

方便 fāngbiàn 형 편하다, 편리하다	方便				

吵 chǎo 형 시끄럽다, 떠들썩하다	吵				

交通 jiāotōng 명 교통	交通				

회화·1　사는 곳 묻기

Track06

王老师　你现在住在哪儿?
Ni xianzai zhuzai nar?

_____

大韩　　我住在留学生宿舍。
Wo zhuzai liuxuesheng sushe.

_____

王老师　条件怎么样?
Tiaojian zenmeyang?

_____

大韩　　条件不错，房间不大也不小。
Tiaojian bucuo, fangjian bu da ye bu xiao.

_____

王老师　生活方便不方便?
Shenghuo fangbian bu fangbian?

_____

大韩　　很方便。商店、银行都在附近，就是有点儿吵。
Hen fangbian. Shangdian、yinhang dou zai fujin, jiushi youdianr chao.

_____

다음을 중국어로 말해 보세요.

연습한 횟수만큼 ✓해 보세요.　1 2 3 4 5

왕 선생님	너는 지금 어디에 사니?
대한	저는 유학생 기숙사에 살아요.
왕 선생님	조건은 어떠니?
대한	조건은 괜찮아요. 방이 크지도 않고 작지도 않아요.

| 왕 선생님 | 생활은 편하니, 편하지 않니? |
| 대한 | 편해요. 상점, 은행이 모두 근처에 있는데, 단지 조금 시끄러워요. |

회화★2 집 구하기

安娜   您好! 我想看房子。
Nin hao!   Wo xiang kan fangzi.

职员   您要大一点儿的，还是小一点儿的?
Nin yao da yidianr de, haishi xiao yidianr de?

安娜   我要面积又大，交通又方便的。
Wo yao mianji you da, jiaotong you fangbian de.

职员   您看这个房子怎么样?
Nin kan zhege fangzi zenmeyang?

安娜   看起来不错。 那房租一个月多少钱?
Kan qilai bucuo.   Na fangzu yi ge yue duoshao qian?

职员   一个月3000块。
Yi ge yue sanqian kuai.

다음을 중국어로 말해 보세요.

연습한 횟수만큼 체크 해 보세요. ①②③④⑤

안나	안녕하세요! 저는 집을 보고 싶은데요.	직원	당신이 보시기에 이 집은 어때요?
직원	당신은 좀 큰 곳을 원하시나요, 아니면 좀 작은 곳을 원하시나요?	안나	괜찮아 보여요. 그럼 집세는 한 달에 얼마예요?
안나	저는 면적도 크고 교통도 편리한 곳을 원해요.	직원	한 달에 3000위안이에요.

Track08

다음을 중국어로 말해 보세요.

❶ 我住在留学生宿舍。

· 저는 유학생 기숙사에 삽니다.

我住在北京。

· 저는 베이징에 삽니다.

我住在学校附近。

· 저는 학교 근처에 삽니다.

❷ 不错，房间不大也不小。

· 괜찮네요. 방이 크지도 않고 작지도 않아요.

不错，个子不高也不矮。

· 괜찮네요. 키가 크지도 않고 작지도 않아요.

不错，这件毛衣不贵也不便宜。

· 괜찮네요. 이 스웨터는 비싸지도 않고 싸지도 않아요.

❸ 商店、银行都在附近，就是有点儿吵。

· 상점, 은행은 모두 근처에 있는데, 단지 조금 시끄러워요.

商店、银行都在附近，就是有点儿贵。

· 상점, 은행은 모두 근처에 있는데, 단지 조금 비싸요.

商店、银行都在附近，就是有点儿远。

· 상점, 은행은 모두 근처에 있는데, 단지 조금 멀어요.

你看过这部电影吗?
당신은 이 영화를 본 적 있나요?

Track09

1 단어 쓰기 | 녹음을 들으며 단어를 써보세요.

过	过				
guo 조 ~한 적 있다					

听说	听说				
tīngshuō 동 듣자 하니					

遍	遍				
biàn 양 번, 회[동작의 횟수를 세는 단위]					

特别	特别				
tèbié 부 특히, 매우					

找	找				
zhǎo 동 찾다					

时间	时间				
shíjiān 명 시간					

当然	当然				
dāngrán 부 당연히, 물론					

회화★1   여가 생활1

Track 10

大韩   你看过这部电影吗?
Ni kanguo zhe bu dianying ma?

_____

小美   还没看过, 可是我听说过。
Hai mei kanguo, keshi wo tingshuoguo.

_____

大韩   我在韩国看过一遍。很有意思。
Wo zai Hanguo kanguo yi bian. Hen you yisi.

_____

小美   听说你特别喜欢看动作片, 我也很想看。
Tingshuo ni tebie xihuan kan dongzuopian, wo ye hen xiang kan.

_____

大韩   明天我们一起去看, 好吗?
Mingtian women yiqi qu kan, hao ma?

_____

小美   好啊。
Hao a.

_____

다음을 중국어로 말해 보세요.

연습한 횟수만큼 체크 ✔ 해 보세요.   ⬧1 ⬧2 ⬧3 ⬧4 ⬧5

대한	너는 이 영화를 본 적 있니?	대한	내일 우리 같이 보러 가자. 어때?
샤오메이	아직 못 봤어. 하지만 들어 본 적은 있어.	샤오메이	좋아.
대한	난 한국에서 한 번 봤는데, 재미있어.		
샤오메이	듣자 하니 너는 액션 영화를 굉장히 좋아한다던데, 나도 매우 보고 싶어.		

Track 11

马克 这个周末你想干什么?
Zhege zhoumo ni xiang gan shenme?

安娜 我想在家看电视剧。
Wo xiang zai jia kan dianshiju.

马克 有什么有意思的电视剧吗?
You shenme you yisi de dianshiju ma?

安娜 听说《想见你》很有意思,你看过吗?
Tingshuo 《Xiang jian ni》 hen you yisi, ni kanguo ma?

马克 没看过,我也很想看。那我们找时间一起看吧。
Mei kanguo, wo ye hen xiang kan. Na women zhao shijian yiqi kan ba.

安娜 我当然好了。
Wo dangran hao le.

연습한 횟수만큼 체크✓해 보세요. ⭐1 2 3 4 5

🐼 다음을 중국어로 말해 보세요.

마크	이번 주 주말에 넌 뭐 하고 싶니?
안나	난 집에서 드라마를 보고 싶어.
마크	무슨 재미있는 드라마라도 있니?
안나	듣자 하니 「상견니」가 무척 재미있다고 하더라. 너 본 적 있어?

| 마크 | 본 적 없어. 나도 매우 보고 싶어. 그럼 우리 시간 내서 같이 보자. |
| 안나 | 나야 당연히 좋지. |

Track 12

 다음을 중국어로 말해 보세요.

❶ 我看过中国电影。

· 저는 중국 영화를 본 적 있습니다.

我看过韩剧。

· 저는 한국 드라마를 본 적 있습니다.

我看过英国小说。

· 저는 영국 소설을 본 적 있습니다.

❷ 你看过这部电影吗?

· 당신은 이 영화를 본 적이 있습니까?

我(没)看过这部电影。

· 저는 이 영화를 본 적이 있습니다(없습니다).

你吃过烤鸭吗?

· 당신은 오리구이를 먹어 본 적이 있습니까?

我(没)吃过烤鸭。

· 저는 오리구이를 먹어 본 적이 있습니다(없습니다).

❸ 我看过一遍。

· 저는 한 번 본 적이 있습니다.

我去过一次。

· 저는 한 번 가본 적이 있습니다.

我吃过一次。

· 저는 한 번 먹어 본 적이 있습니다.

1 단어 쓰기 | 녹음을 들으며 단어를 써보세요.

请问	请问				
qǐngwèn 동 말씀 좀 묻겠습니다					

试穿	试穿				
shìchuān 동 시험 삼아 입어 보다					

短裤	短裤				
duǎnkù 명 반바지					

合适	合适				
héshì 형 적당하다, 적합하다, 어울리다					

讲价	讲价				
jiǎng jià 동 값을 흥정하다					

打算	打算				
dǎsuan 조동 ~할 계획이다, ~할 작정이다					

考试	考试				
kǎoshì 명 시험 동 시험을 보다					

회화 *1   백화점에서

Track 14

大韩   请问，可以试穿吗?
Qingwen, keyi shichuan ma?

_____

售货员   可以。
Keyi.

_____

大韩   这条短裤有点儿大，有小一点儿的吗?
Zhe tiao duanku youdianr da, you xiao yidianr de ma?

_____

售货员   有是有，不过是别的颜色的。
You shi you, buguo shi biede yanse de.

_____

大韩   正合适。便宜一点儿，行吗?
Zheng heshi. Pianyi yidianr, xing ma?

_____

售货员   不好意思，我们这儿不能讲价。
Bu haoyisi, women zher bu neng jiang jia.

_____

다음을 중국어로 말해 보세요.

연습한 횟수만큼 체크 ✓ 해 보세요. 1 2 3 4 5

대한	말씀 좀 묻겠습니다. 입어 봐도 되나요?
판매원	됩니다.
대한	이 반바지는 조금 커요. 좀 작은 것이 있나요?
판매원	있긴 있어요. 그러나 다른 색깔이에요.

대한	딱 맞네요. 좀 싸게 해줄 수 있나요?
판매원	죄송합니다. 저희 가게에서는 흥정할 수 없습니다.

马克　周末我想去百货商店买衣服，你能跟我一起去吗？
Zhoumo wo xiang qu baihuo shangdian mai yifu, ni neng gen wo yiqi qu ma?

大韩　不好意思，昨天我已经去了。
Bu haoyisi, zuotian wo yijing qu le.

马克　你买了什么？
Ni maile shenme?

大韩　我买了两条短裤。
Wo maile liang tiao duanku.

马克　那么，这个周末你打算干什么？
Name, zhege zhoumo ni dasuan gan shenme?

大韩　下个星期一有考试。　我打算在图书馆复习。
Xia ge xingqiyi you kaoshi.　Wo dasuan zai tushuguan fuxi.

다음을 중국어로 말해 보세요.

연습한 횟수만큼 체크 해 보세요. 1 2 3 4 5

마크	주말에 나는 백화점에 옷 사러 갈 건데, 나와 함께 갈 수 있니?	대한	나는 반바지를 두 개 샀어.
대한	미안해. 어제 나는 이미 갔어.	마크	그럼 이번 주말에 뭐 할 계획이니?
마크	너는 뭘 샀니?	대한	다음 주 월요일에 시험이 있어. 나는 도서관에서 복습할 계획이야.

다음을 중국어로 말해 보세요.

1 不好意思，昨天我已经去了。

· 죄송하지만, 어제 저는 이미 갔습니다.

不好意思，昨天我已经买了。

· 죄송하지만, 어제 저는 이미 샀습니다.

不好意思，昨天我已经吃了。

· 죄송하지만, 어제 저는 이미 먹었습니다.

2 你吃饭了吗？

· 당신은 밥 먹었어요?

我还没吃。/ 我已经吃了。

· 저는 아직 안 먹었어요. / 저는 이미 먹었어요.

你下课了吗？

· 당신은 수업이 끝났어요?

我还没下课。/ 我已经下课了。

· 저는 아직 수업이 안 끝났어요. / 저는 이미 수업이 끝났어요.

3 我明年打算去北京学汉语。

· 저는 내년에 베이징으로 중국어를 배우러 갈 계획입니다.

我明年打算去英国学英语。

· 저는 내년에 영국으로 영어를 배우러 갈 계획입니다.

我明年打算去上海上大学。

· 저는 내년에 상하이에서 대학교를 다닐 계획입니다.

1 단어 쓰기 | 녹음을 들으며 단어를 써보세요.

舒服 shūfu 형 편안하다, 쾌적하다	舒服				

肚子 dùzi 명 배	肚子				

疼 téng 형 아프다	疼				

开始 kāishǐ 동 시작하다, 개시하다	开始				

厉害 lìhai 형 심하다, 지독하다	厉害				

包 bāo 동 만두를 빚다	包				

药 yào 명 약	药				

회화 ★1　병원에서 진찰 받기

Track 18

大夫　你哪儿不舒服?

Ni nar bu shufu?

_____

大韩　我肚子疼。

Wo duzi teng.

_____

大夫　从什么时候开始肚子疼的?

Cong shenme shihou kaishi duzi teng de?

_____

大韩　昨天晚上开始。现在疼得更厉害。

Zuotian wanshang kaishi. Xianzai teng de geng lihai.

_____

大夫　你昨天吃得太多了，是不是?

Ni zuotian chi de tai duo le, shi bu shi?

_____

大韩　因为老师的饺子包得很好吃，我吃了三碗。

Yinwei laoshi de jiaozi bao de hen haochi, wo chile san wan.

_____

다음을 중국어로 말해 보세요.

연습한 횟수만큼 체크 해 보세요. 1 2 3 4 5

의사	어디가 불편하세요?
대한	저는 배가 아파요.
의사	언제부터 배가 아프기 시작했나요?
대한	어제저녁부터 아프기 시작했어요. 지금은 훨씬 더 심하게 아파요.

| 의사 | 당신은 어제 너무 많이 먹었죠, 그렇죠? |
| 대한 | 선생님이 만든 만두가 너무 맛있어서, 저는 세 그릇을 먹었어요. |

Track 19

小美　你怎么样了？
Ni zenmeyang le?

大韩　肚子好多了。但是头疼得有点儿厉害。
Duzi haoduo le.　Danshi tou teng de youdianr lihai.

小美　要不要再去医院看看？
Yao bu yao zai qu yiyuan kankan?

大韩　不用了。吃药就行了。
Buyong le.　Chi yao jiu xing le.

小美　你躺在床上休息吧。我去药店给你买药。
Ni tangzai chuang shang xiuxi ba. Wo qu yaodian gei ni mai yao.

大韩　太麻烦你了。
Tai mafan ni le.

다음을 중국어로 말해 보세요.

연습한 횟수만큼 체크 해 보세요. ☆1 ☆2 ☆3 ☆4 ☆5

샤오메이	좀 어때?
대한	배는 많이 나아졌어. 그런데 머리가 좀 심하게 아파.
샤오메이	병원에 다시 가서 진찰 받을까?

대한	됐어. 약 먹으면 돼.
샤오메이	침대에 누워서 쉬어. 내가 약국에 가서 약 사다 줄게.
대한	귀찮게 해서 미안해.

Track20

 다음을 중국어로 말해 보세요.

❶ 从昨天开始学汉语。

_____

从昨天开始工作。

_____

从昨天开始开车。

_____

• 어제부터 중국어를 배우기 시작했습니다.

• 어제부터 일하기 시작했습니다.

• 어제부터 운전하기 시작했습니다.

❷ 今天疼得很厉害。

_____

今天吃得很多。

_____

今天玩儿得很高兴。

_____

• 오늘 몹시 아픕니다.

• 오늘 많이 먹었습니다.

• 오늘 즐겁게 놀았습니다.

❸ 她(说)汉语说得好不好?

_____

她(说)汉语说得很好。

_____

她(开)车开得怎么样?

_____

她(开)车开得很慢。

_____

• 그녀는 중국어를 잘합니까 못합니까?

• 그녀는 중국어를 잘합니다.

• 그녀는 운전하는 것이 어떻습니까?

• 그녀는 운전을 천천히 합니다.

CHAPTER 06 我正在打太极拳。

저는 태극권을 하고 있어요.

Track21

1 단어 쓰기 | 녹음을 들으며 단어를 써보세요.

门 mén 몡 문	门			

开 kāi 통 열다, (텔레비전·전등 등을) 켜다	开			

(正)在 (zhèng)zài 분 마침 ~하고 있는 중이다, ~하고 있다	(正)在			

每 měi 때 각, ~마다	每			

表演 biǎoyǎn 몡 공연 통 공연하다, 상연하다	表演			

没问题 méi wèntí 문제없다, 좋다	没问题			

年轻人 niánqīngrén 몡 젊은이, 젊은 사람	年轻人			

회화 *1 취미 생활1

Track22

大韩 门怎么开着? 你在干什么呢?
Men zenme kaizhe? Ni zai gan shenme ne?

_____

露西 我正在打太极拳。
Wo zhengzai da taijiquan.

_____

大韩 你学过太极拳吗?
Ni xueguo taijiquan ma?

_____

露西 没学过,我正在学。每星期学三次。
Mei xueguo, wo zhengzai xue. Mei xingqi xue san ci.

_____

大韩 表演一下,我看看。
Biaoyan yixia, wo kankan.

_____

露西 没问题。那,现在开始。
Mei wenti.   Na, xianzai kaishi.

_____

🐼 다음을 중국어로 말해 보세요.

연습한 횟수만큼 체크✔해 보세요. ⭐1 ⭐2 ⭐3 ⭐4 ⭐5

대한	문이 왜 열려 있지? 너 뭐 하고 있니?	루시	배운 적 없어. 나는 지금 배우고 있어. 매주 세 번 배
루시	나는 지금 태극권을 하고 있어.		워.
대한	너는 태극권을 배운 적 있어?	대한	좀 해봐, 내가 볼게.
		루시	문제없지. 그럼, 지금 시작한다.

大韩　你做什么呢?
Ni zuo shenme ne?

小美　一边做作业，一边听音乐。
Yibian zuo zuoye, yibian ting yinyue.

大韩　你听的是古典音乐还是流行音乐?
Ni ting de shi gudian yinyue haishi liuxing yinyue?

小美　流行音乐。我喜欢听中国的流行音乐。
Liuxing yinyue.　Wo xihuan ting Zhongguo de liuxing yinyue.

大韩　听说最近中国年轻人喜欢听韩国音乐，你呢?
Tingshuo zuijin Zhongguo nianqingren xihuan ting Hanguo yinyue, ni ne?

小美　有的人喜欢，有的人不喜欢。我呢，一次也没听过。
Youde ren xihuan, youde ren bu xihuan.　Wo ne, yi ci ye mei tingguo.

연습한 횟수만큼 ✔해 보세요. ⭐1 ⭐2 ⭐3 ⭐4 ⭐5

다음을 중국어로 말해 보세요.

대한	너 뭐 하고 있니?	대한	듣자 하니 요즘 중국의 젊은이들이 한국 음악을 좋아한다던데. 너는?
샤오메이	숙제하면서 음악 들어.		
대한	네가 듣는 것은 고전 음악이니, 아니면 대중음악이니?	샤오메이	어떤 사람은 좋아하고, 어떤 사람은 좋아하지 않아. 난, 한 번도 들어 본 적 없어.
샤오메이	대중음악이야. 난 중국 대중음악을 좋아해.		

다음을 중국어로 말해 보세요.

❶ 学生坐着，老师站着。

_____

学生听着，老师说着。

_____

学生看着，老师写着。

_____

• 학생은 앉아 있고, 선생님은 서 계십니다.

• 학생은 듣고 있고, 선생님은 말 씀하고 계십니다.

• 학생은 보고 있고, 선생님은 쓰 고 계십니다.

❷ 我正在打太极拳呢。

_____

我正在学汉语呢。

_____

我正在玩儿电脑呢。

_____

• 저는 지금 태극권을 하고 있습 니다.

• 저는 지금 중국어를 배우고 있 습니다.

• 저는 지금 컴퓨터를 하고 있습 니다.

❸ 一边做作业，一边听音乐。

_____

一边喝可乐，一边吃汉堡包。

_____

一边唱歌，一边跳舞。

_____

• 숙제를 하면서 음악을 듣습니다.

• 콜라를 마시면서 햄버거를 먹 습니다.

• 노래를 부르면서 춤을 춥니다.

去故宫怎么走?

고궁에 어떻게 가나요?

Track25

1 단어 쓰기 | 녹음을 들으며 단어를 써보세요.

走	走				
zǒu					
통 가다, 떠나다, 걷다					

往	往				
wǎng					
개 ~를 향하여					

红绿灯	红绿灯			
hónglǜdēng				
명 신호등				

拐	拐				
guǎi					
통 돌다, 회전하다					

离	离				
lí					
개 ~에서, ~로부터					

路	路				
lù					
명 (교통수단의) 노선, 길					

打的	打的				
dǎ dī					
통 택시를 타다					

회화★1 길 묻기

Track 26

大韩   请问，去故宫怎么走？
      Qingwen, qu Gugong zenme zou?

_____

行人   一直往前走，到红绿灯往左拐。
      Yizhi wang qian zou, dao honglüdeng wang zuo guai.

_____

安娜   离这儿远不远？
      Li zher yuan bu yuan?

_____

行人   不太远。走十分钟就到了。
      Bu tai yuan. Zou shi fenzhong jiu dao le.

_____

大韩
·   谢谢。
安娜   Xiexie.

_____

行人   我也去故宫。你们跟我一起走吧。
      Wo ye qu Gugong.   Nimen gen wo yiqi zou ba.

_____

다음을 중국어로 말해 보세요.

연습한 횟수만큼 체크 ✓ 해 보세요. 1 2 3 4 5

대한	말씀 좀 묻겠습니다. 고궁에 어떻게 가나요?	행인	그다지 멀지 않아요. 걸어서 10분이면 바로 도착해요.
행인	곧장 앞으로 가다가 신호등에서 좌회전하세요.		
안나	여기에서 멀어요 안 멀어요?	대한 안나	고맙습니다.
		행인	저도 고궁에 가요. 저와 함께 가요.

Track27

马克   请问，坐几路公共汽车可以到北京大学？
Qingwen, zuo ji lu gonggong qiche keyi dao Beijing Daxue?

行人   你坐808路就可以到了。
Ni zuo ba ling ba lu jiu keyi dao le.

马克   要坐几站？
Yao zuo ji zhan?

行人   北大离这儿有点儿远，要坐15站。
Beida li zher youdianr yuan, yao zuo shiwu zhan.

马克   是吗？　太远了。
Shi ma?　　Tai yuan le.

行人   我觉得你打的去比较好。
Wo juede ni da di qu bijiao hao.

다음을 중국어로 말해 보세요.

연습한 횟수만큼 체크 ✔ 해 보세요.   1 2 3 4 5

마크	말씀 좀 묻겠습니다. 몇 번 버스를 타면 베이징대학에 갈 수 있나요?	행인	베이징대학은 여기서 좀 멀어요. 열다섯 정거장을 타고 가야 해요.
행인	808번을 타면 바로 도착할 수 있어요.	마크	그래요? 너무 멀어요.
마크	몇 정거장을 타야 하나요?	행인	제 생각에는 택시를 타고 가는 게 비교적 좋을 것 같네요.

3 문형 쓰기 | 녹음을 들으며 문장을 써보세요.

Track 28

 다음을 중국어로 말해 보세요.

❶ 去故宫怎么走?

· 고궁에 어떻게 가나요?

_____

去机场怎么走?

· 공항에 어떻게 가나요?

_____

去北京火车站怎么走?

· 베이징 기차역에 어떻게 가나요?

_____

❷ 一直往前走，到红绿灯往左拐。

· 곧장 앞으로 가다가 신호등에서 좌회전하세요.

_____

一直往前走，到十字路口往左拐。

· 곧장 앞으로 가다가 네거리에서 좌회전하세요.

_____

一直往前走，到银行往右拐。

· 곧장 앞으로 가다가 은행에서 우회전하세요.

_____

❸ 火车站离这儿远不远?

· 기차역은 여기서 멀어요 안 멀어요?

_____

火车站离这儿很远。

· 기차역은 여기서 매우 멀어요.

_____

地铁站离这儿远吗?

· 지하철역은 여기서 멀어요?

_____

地铁站离这儿不远，很近。

· 지하철역은 여기서 멀지 않아요, 매우 가까워요.

_____

饺子已经煮好了。

만두가 이미 다 삶아졌어요.

Track 29

1 단어 쓰기 | 녹음을 들으며 단어를 써보세요.

放鞭炮	放鞭炮			
fàng biānpào 폭죽을 터뜨리다				

热闹	热闹			
rènao 혱 떠들썩하다, 번화하다				

煮	煮			
zhǔ 동 삶다				

过年	过年			
guò nián 동 설을 쇠다, 새해를 맞다				

可爱	可爱			
kě'ài 혱 귀엽다				

对	对			
duì 혱 맞다, 옳다				

春节	春节			
Chūnjié 몡 (음력) 설, 춘절				

회화 ★1   **새해맞이**

Track30

小美　你听见了吗? 大家都在放鞭炮呢。
　　　Ni tingjian le ma?　Dajia dou zai fang bianpao ne.

_____

大韩　听见了。非常热闹。
　　　Tingjian le.　Feichang renao.

_____

小美　大韩，饺子煮好了，快过来吃吧。
妈妈　Dahan, jiaozi zhuhao le, kuai guolai chi ba.

_____

大韩　谢谢，您做的菜真好吃。
　　　Xiexie, nin zuo de cai zhen haochi.

_____

小美　那你多吃点儿吧。
妈妈　Na ni duo chi dianr ba.

_____

大韩　十二点到了。过年好! 恭喜发财!
　　　Shi'er dian dao le.　Guo nian hao! Gongxi fa cai!

_____

다음을 중국어로 말해 보세요.

연습한 횟수만큼 체크 ✓ 해 보세요.   ☆1 ☆2 ☆3 ☆4 ☆5

샤오메이	너 들었니? 모두들 폭죽을 터뜨리고 있어.
대한	들려. 굉장히 떠들썩하다.
샤오메이 엄마	대한아, 만두가 다 삶아졌어, 빨리 와서 먹으렴.

대한	고맙습니다. 어머니가 만드신 요리는 정말 맛있어요.
샤오메이 엄마	그럼 많이 먹으렴.
대한	12시예요. 새해 복 많이 받으세요! 부자 되세요!

회화·2 샤오메이 집에서

小美
妈妈 你们回来了! 快进来吧!
Nimen huilai le!　Kuai jinlai ba!

小美 大韩，我给你介绍一下，这是我姐姐。
Dahan, wo gei ni jieshao yixia, zhe shi wo jiejie.

大韩 你们好! 我叫大韩。他是你外甥吧? 很可爱!
Nimen hao!　Wo jiao Dahan.　Ta shi ni waisheng ba?　Hen ke'ai!

小美 对。每年春节的时候，他们都回北京来过年。
Dui.　Mei nian Chunjie de shihou, tamen dou hui Beijing lai guo nian.

龙龙 你好! 我是龙龙。
Ni hao!　Wo shi Longlong.

大韩 真乖!
Zhen guai!

다음을 중국어로 말해 보세요.

연습한 횟수만큼 체크 ✔해 보세요.　1 2 3 4 5

샤오메이 엄마	너희들 돌아왔구나! 어서 들어와.
샤오메이	대한아, 내가 너에게 좀 소개할게. 이쪽은 우리 언니야.
대한	안녕하세요! 저는 대한이라고 합니다. 그는 네 조카지? 귀엽다!

샤오메이	맞아. 매년 음력설이면, 그들은 모두 베이징으로 와서 설을 보내.
룽룽	안녕하세요! 저는 룽룽이에요.
대한	정말 착하구나!

Track 32

다음을 중국어로 말해 보세요.

① 你听见了吗?

_____

・당신은 들었습니까?

我已经听见了。/ 我没听见。

_____

・저는 이미 들었습니다. / 저는 듣지 못했습니다.

你听懂了吗?

_____

・당신은 알아들었습니까?

我已经听懂了。/ 我没听懂。

_____

・저는 이미 알아들었습니다. / 저는 알아듣지 못했습니다.

② 你们快进教室去吧。

_____

・당신들은 빨리 교실로 들어가세요.

你们快上二楼去吧。

_____

・당신들은 빨리 2층으로 올라가세요.

你们快回韩国来吧。

_____

・당신들은 빨리 한국으로 돌아오세요.

③ 你们多吃点儿吧。

_____

・여러분 많이 드세요.

你们多喝点儿吧。

_____

・여러분 많이 마시세요.

你们多买点儿吧。

_____

・여러분 많이 사세요.

CHAPTER 09

老师说的汉语，你听得懂吗？

선생님이 말하는 중국어, 당신은 알아들을 수 있나요?

Track 33

1 단어 쓰기 | 녹음을 들으며 단어를 써보세요.

学期 xuéqī 명 학기	学期				

懂 dǒng 동 알다, 이해하다	懂				

如果 rúguǒ 접 만약 ~라면	如果				

题 tí 명 문제	题				

中国通 Zhōngguótōng 명 중국통	中国通				

只 zhǐ 부 단지, 오직, 겨우	只				

加油 jiā yóu 동 힘을 내다, 응원하다, 파이팅	加油				

회화·1 수업에 대해

Track34

小美　这学期有几门课?
Zhe xueqi you ji men ke?

_____

大韩　四门。阅读、听力、口语，还有作文。
Si men.　Yuedu、tingli、kouyu, hai you zuowen.

_____

小美　你觉得听力课难不难?
Ni juede tingli ke nan bu nan?

_____

大韩　我觉得比较难，但是很有意思。
Wo juede bijiao nan, danshi hen you yisi.

_____

小美　老师说的汉语，你听得懂听不懂?
Laoshi shuo de Hanyu, ni ting de dong ting bu dong?

_____

大韩　如果老师慢点儿说，我就听得懂。
Ruguo laoshi man dianr shuo, wo jiu ting de dong.

_____

🐼 다음을 중국어로 말해 보세요.　　　　연습한 횟수만큼 체크 ✔해 보세요. ①②③④⑤

샤오메이	이번 학기에 몇 과목 수업을 듣니?
대한	네 과목이야. 독해, 듣기, 회화 그리고 작문이 있어.
샤오메이	네 생각에 듣기 수업은 어렵니? 안 어렵니?
대한	내 생각에는 비교적 어려운 것 같아. 그렇지만 매우 재미있어.

샤오메이	선생님이 말하는 중국어를 너는 알아듣니? 못 알아듣니?
대한	만약에 선생님이 좀 천천히 말씀하시면, 알아들을 수 있어.

马克   今天的阅读课太难了，我都看不懂。你看得懂吗？
Jintian de yuedu ke tai nan le, wo dou kan bu dong.   Ni kan de dong ma?

安娜   我都看得懂。但是题太多了，我也做不完。
Wo dou kan de dong. Danshi ti tai duo le, wo ye zuo bu wan.

马克   你真是中国通！我只看得懂一点点。
Ni zhen shi Zhongguotong! Wo zhi kan de dong yidiandian.

安娜   哪里！哪里！老师的话有时候我也听不懂。
Nali!   Nali!   Laoshi de hua youshihou wo ye ting bu dong.

马克   如果有时间，以后我们一起学习吧。
Ruguo you shijian, yihou women yiqi xuexi ba.

安娜   好的。加油！
Haode.   Jia you!

다음을 중국어로 말해 보세요.

연습한 횟수만큼 체크✔해 보세요. ☆1 ☆2 ☆3 ☆4 ☆5

마크	오늘 독해 수업은 너무 어려워서, 난 이해하지 못했어. 너는 이해했니?	안나	천만에! 선생님 말씀은 가끔 나도 못 알아들어.
안나	나는 다 이해했어. 하지만 문제가 너무 많아서, 나도 다 못 했어.	마크	만약에 시간 있으면, 다음에 우리 같이 공부하자.
마크	넌 정말 중국통이구나! 난 조금밖에 이해하지 못했는데.	안나	좋아. 파이팅!

다음을 중국어로 말해 보세요.

❶ 我觉得听力课很难。

_____

我觉得作文课不容易，最难。

_____

我觉得口语课很有意思。

_____

· 제 생각에 듣기 수업은 매우 어렵습니다.

· 제 생각에 작문 수업은 쉽지 않고, 가장 어렵습니다.

· 제 생각에 회화 수업은 아주 재미있습니다.

❷ 你听得懂听不懂？

_____

我听不懂。

_____

你回得来回不来？

_____

我回得来。

_____

· 당신은 알아들을 수 있습니까, 없습니까?

· 저는 알아듣지 못합니다.

· 당신은 돌아올 수 있습니까, 없습니까?

· 저는 돌아올 수 있습니다.

❸ 如果有很多钱，我就想去旅游。

_____

如果有很多钱，我就想去外国留学。

_____

如果有很多钱，我就想买房子。

_____

· 만약에 많은 돈이 있다면, 저는 여행을 가고 싶습니다.

· 만약에 많은 돈이 있다면, 저는 외국 유학을 가고 싶습니다.

· 만약에 많은 돈이 있다면, 저는 집을 사고 싶습니다.

CHAPTER
10

请帮我们照一张，好吗？
사진 한 장 찍어 주시겠어요?

Track 37

1 단어 쓰기 | 녹음을 들으며 단어를 써보세요.

好像	好像				
hǎoxiàng					
분 마치 ~와 같다					

照相	照相				
zhào xiàng					
동 사진을 찍다					

先生	先生				
xiānsheng					
명 ~씨, ~선생[성인 남성에 대한 존칭]					

帮	帮				
bāng					
동 돕다					

张	张				
zhāng					
양 장[사진·종이 등 평평한 것을 세는 단위]					

爬	爬				
pá					
동 기어오르다					

那么	那么				
nàme					
대 그렇게, 그런					

회화•1 하얼빈 빙등제에서

Track 38

小美　大韩，你快过来看看。多漂亮啊！
　　　Dahan, ni kuai guolai kankan.　　Duo piaoliang a!

_____

大韩　哇！真是美极了！　_____
　　　Wa!　Zhenshi mei ji le!

小美　哈尔滨的冰灯节很有名。
　　　Ha'erbin de Bingdeng Jie hen youming.

_____

大韩　真好看！我好像在韩国没看过冰灯。
　　　Zhen haokan! Wo haoxiang zai Hanguo mei kanguo bingdeng.

_____

小美　你要照相吗？
　　　Ni yao zhao xiang ma?

_____

大韩　好，我们一起照吧！
　　　Hao, women yiqi zhao ba!

_____

　　　先生，请帮我们照一张，好吗？
　　　Xiansheng, qing bang women zhao yi zhang, hao ma?

_____

🐼 다음을 중국어로 말해 보세요.　　　　　　　연습한 횟수만큼 체크✔해 보세요. ⟨1⟩ ⟨2⟩ ⟨3⟩ ⟨4⟩ ⟨5⟩

샤오메이	대한아, 빨리 와서 좀 봐. 너무 아름다워!	샤오메이	너 사진 찍을래?
대한	와! 정말 아름답다!	대한	좋아, 우리 같이 사진 찍자! 선생님, 사진 한 장 찍어 주시겠어요?
샤오메이	하얼빈의 빙등제는 매우 유명해.		
대한	정말 예쁘다! 난 한국에서 빙등을 본 적이 없는 것 같아.		

安娜 这个周末过得怎么样?
Zhege zhoumo guo de zenmeyang?

马克 我跟大韩还有王老师一起去长城了。
Wo gen Dahan haiyou Wang laoshi yiqi qu Changcheng le.

安娜 我没去过长城。你们玩儿得怎么样?
Wo mei quguo Changcheng. Nimen wanr de zenmeyang?

马克 好极了! 我们一边爬, 一边听王老师介绍长城。
Hao ji le!   Women yibian pa, yibian ting Wang laoshi jieshao Changcheng.

安娜 你们爬到长城顶了吗?
Nimen padao Changcheng ding le ma?

马克 没有。因为太累了, 我们爬不了那么高。
Meiyou.   Yinwei tai lei le, women pa bu liao name gao.

다음을 중국어로 말해 보세요.

연습한 횟수만큼 체크 ✓해 보세요. ⭐1 ⭐2 ⭐3 ⭐4 ⭐5

안나	이번 주 주말 어떻게 보냈어?	마크	정말 좋았어! 우리는 올라가면서 왕 선생님이 만리장성에 대해 소개해 주시는 것을 들었어.
마크	난 대한이 그리고 왕 선생님과 만리장성에 갔어.		
안나	난 만리장성에 가본 적이 없어. 너희들은 재밌게 놀았어?	안나	너희들은 만리장성 정상까지 올라갔어?
		마크	아니. 왜냐하면 너무 피곤해서, 우리는 그렇게 높이 올라가지 못했어.

Track 40

다음을 중국어로 말해 보세요.

❶ 冰灯多漂亮啊!

_____

这儿的风景多美啊!

_____

这件衣服多贵啊!

_____

• 빙등이 얼마나 아름다운가!

• 이곳의 풍경이 얼마나 아름다운가!

• 이 옷은 얼마나 비싼가!

❷ 哥哥, 帮我照一张, 好吗?

_____

哥哥, 帮我拿东西, 好吗?

_____

哥哥, 帮我还书, 好吗?

_____

• 형(오빠), 저를 도와 사진 한 장 찍어 줄래요?

• 형(오빠), 저를 도와 물건을 좀 들어 줄래요?

• 형(오빠), 저를 도와 책을 반납해 줄래요?

❸ 你去得了去不了?

_____

我去得了。

_____

你吃得了吃不了?

_____

我吃不了。

_____

• 당신은 갈 수 있습니까, 없습니까?

• 저는 갈 수 있습니다.

• 당신은 먹을 수 있습니까, 없습니까?

• 저는 먹을 수 없습니다.

CHAPTER 11

首尔跟北京一样冷吗?
서울은 베이징처럼 춥나요?

Track41

1 단어 쓰기 | 녹음을 들으며 단어를 써보세요.

比 bǐ 개 ~보다 동 비교하다	比					

雪 xuě 명 눈	雪					

一样 yíyàng 형 같다	一样					

一定 yídìng 부 반드시, 꼭	一定					

堆雪人 duī xuěrén 눈사람을 만들다	堆雪人			

怕冷 pà lěng 추위를 타다	怕冷					

暖和 nuǎnhuo 형 따뜻하다	暖和					

회화 ★1   서울과 베이징의 겨울

Track42

小美   今天天气真冷，比昨天冷吧？
Jintian tianqi zhen leng, bi zuotian leng ba?

_____

大韩   我也觉得今天比昨天冷。
Wo ye juede jintian bi zuotian leng.

_____

小美   听说首尔去年的雪很大。今年呢？
Tingshuo Shou'er qunian de xue hen da. Jinnian ne?

_____

大韩   今年的雪比去年更大。
Jinnian de xue bi qunian geng da.

_____

小美   首尔跟北京一样冷吗？
Shou'er gen Beijing yiyang leng ma?

_____

大韩   不，首尔没有北京冷。
Bu, Shou'er meiyou Beijing leng.

_____

다음을 중국어로 말해 보세요.

연습한 횟수만큼 체크✔해 보세요. ☆1 ☆2 ☆3 ☆4 ☆5

샤오메이	오늘 날씨가 정말 춥네, 어제보다 춥지?	대한	올해 눈이 작년보다 훨씬 많이 내렸어.
대한	나도 오늘이 어제보다 춥다고 생각해.	샤오메이	서울은 베이징처럼 춥니?
샤오메이	듣자 하니 서울은 작년에 눈이 많이 내렸다던대. 올해는?	대한	아니, 서울은 베이징만큼 춥지 않아.

회화 2 날씨 이야기

马克　昨天晚上下大雪了，外面都是雪。
Zuotian wanshang xia daxue le, waimian dou shi xue.

安娜　是吗？ 现在外边儿一定很漂亮。
Shi ma?　Xianzai waibianr yiding hen piaoliang.

马克　我们出去堆雪人、打雪仗，怎么样？
Women chuqu dui xueren、da xuezhang, zenmeyang?

安娜　我不想去。我怕冷。
Wo bu xiang qu. Wo pa leng.

马克　天气预报说今天比昨天暖和。我们出去吧!
Tianqi yubao shuo jintian bi zuotian nuanhuo. Women chuqu ba!

安娜　我不相信天气预报。
Wo bu xiangxin tianqi yubao.

다음을 중국어로 말해 보세요.

연습한 횟수만큼 체크 해 보세요. ☆1 ☆2 ☆3 ☆4 ☆5

마크	어제저녁에 눈이 많이 내렸어. 밖이 온통 눈이야.
안나	그래? 지금 밖은 정말 예쁠 거야.
마크	우리 나가서 눈사람을 만들고, 눈싸움 하는 게 어때?

안나	난 가기 싫어. 나는 추위를 타거든.
마크	일기 예보에서는 오늘이 어제보다 따뜻하대. 우리 나가자!
안나	나는 일기 예보를 안 믿어.

다음을 중국어로 말해 보세요.

❶ 今天比昨天冷。

　　　　　　　　　　　　　　　

· 오늘은 어제보다 춥습니다.

今天比昨天冷一点儿。

　　　　　　　　　　　　　　　

· 오늘은 어제보다 조금 춥습니다.

今天比昨天更冷。

　　　　　　　　　　　　　　　

· 오늘은 어제보다 훨씬 춥습니다.

❷ 首尔比北京大吗?

　　　　　　　　　　　　　　　

· 서울은 베이징보다 큽니까?

首尔没有北京大。

　　　　　　　　　　　　　　　

· 서울은 베이징만큼 크지 않습니다.

北京比上海热吗?

　　　　　　　　　　　　　　　

· 베이징은 상하이보다 덥습니까?

北京没有上海热。

　　　　　　　　　　　　　　　

· 베이징은 상하이만큼 덥지 않습니다.

❸ 今天跟昨天一样热。

　　　　　　　　　　　　　　　

· 오늘은 어제처럼 덥습니다.

你的汉语跟中国人一样好。

　　　　　　　　　　　　　　　

· 당신의 중국어는 중국인처럼 잘합니다.

你买的跟我的一样便宜。

　　　　　　　　　　　　　　　

· 당신이 산 것은 내 것처럼 저렴합니다.

1 단어 쓰기 | 녹음을 들으며 단어를 써보세요.

习惯 xíguàn 명 습관, 버릇 동 습관이 되다	习惯				

回国 huí guó 동 귀국하다	回国				

旅游 lǚyóu 동 여행하다	旅游				

计划 jìhuà 명동 계획(하다)	计划				

出发 chūfā 동 출발하다	出发				

风景 fēngjǐng 명 경치, 풍경	风景				

购物 gòuwù 동 쇼핑하다	购物				

회화★1 귀국 전 계획 세우기

Track46

安娜 北京的留学生活习惯了吗?

Beijing de liuxue shenghuo xiguan le ma?

_____

大韩 开始不习惯，现在慢慢儿习惯了。

Kaishi bu xiguan, xianzai manmanr xiguan le.

_____

安娜 快回国了，回国以前你打算做什么?

Kuai hui guo le, hui guo yiqian ni dasuan zuo shenme?

_____

大韩 我打算跟朋友去上海旅游。

Wo dasuan gen pengyou qu Shanghai lüyou.

_____

安娜 听说上海的外滩很好看。

Tingshuo Shanghai de Waitan hen haokan.

_____

大韩 你也去吧。 我们一起去上海玩儿吧!

Ni ye qu ba.　　Women yiqi qu Shanghai wanr ba!

_____

다음을 중국어로 말해 보세요.

연습한 횟수만큼 체크 ✔해 보세요. 1 2 3 4 5

안나	베이징의 유학 생활에 익숙해졌니?	대한	나는 친구와 상하이로 여행을 갈 계획이야.
대한	처음에는 익숙하지 않았는데, 지금은 서서히 익숙해졌어.	안나	듣자 하니 상하이의 와이탄은 매우 예쁘다더라.
안나	곧 귀국하는데, 귀국하기 전에 너는 뭐 할 계획이니?	대한	너도 가자. 우리 함께 상하이로 놀러 가자!

安娜 　我们的上海旅游计划你做好了吗?
　　　Women de Shanghai lüyou jihua ni zuohao le ma?

大韩 　快做好了。我们玩儿四天三夜，1号晚上出发，
　　　Kuai zuohao le.　Women wanr si tian san ye, yi hao wanshang chufa,

　　　4号下午回来，怎么样?
　　　si hao xiawu huilai, zenmeyang?

安娜 　不错。那我们都做什么呢?
　　　Bucuo.　　Na women dou zuo shenme ne?

大韩 　又去吃美食，又去看风景。
　　　You qu chi meishi, you qu kan fengjing.

安娜 　还有，一定要去购物。
　　　Haiyou, yiding yao qu gouwu.

大韩 　你真是个购物狂!
　　　Ni zhen shi ge gouwukuang!

다음을 중국어로 말해 보세요.

연습한 횟수만큼 체크 ✓해 보세요.　☆1 ☆2 ☆3 ☆4 ☆5

안나	우리의 상하이 여행 계획은 다 세웠니?	대한	맛있는 음식도 먹으러 가고, 경치도 보러 갈 거야.
대한	곧 다 세워 가. 우리는 3박 4일 놀 건데, 1일 저녁에	안나	그리고 꼭 쇼핑하러 가야 해.
	출발해서 4일 오후에 돌아오는 거야, 어때?	대한	너 정말 쇼핑광이구나!
안나	괜찮은데. 그럼 우리는 뭘 할 거야?		

Track 48

❶ 你习惯了吗?

· 당신은 익숙해졌습니까?

我已经习惯了。

· 저는 이미 익숙해졌습니다.

你下班了吗?

· 당신은 퇴근했습니까?

我已经下班了。

· 저는 이미 퇴근했습니다.

❷ 你慢慢儿说吧。

· 당신은 천천히 말씀하세요.

你慢慢儿吃吧。

· 당신은 천천히 드세요.

你慢慢儿来吧。

· 당신은 천천히 오세요.

❸ 快回国了。

· 곧 귀국합니다.

快到国庆节了。

· 곧 국경절입니다.

快(要)开车了。

· 곧 차가 떠납니다.